LOCUS

LOCUS

LOCUS

LOCUS

mark

這個系列標記的是一些人、一些事件與活動。

mark 160

逆權女子——獄中手記

著　金子文子
譯　陳柏瑤

編輯　連翠茉
校對　呂佳真
美術設計　林育鋒

出版者：大塊文化出版股份有限公司
台北市 105022 南京東路四段 25 號 11 樓
www.locuspublishing.com
讀者服務專線：0800-006689　TEL：(02) 87123898
FAX：(02) 87123897
郵撥帳號：18955675
戶名：大塊文化出版股份有限公司
e-mail:locus@locuspublishing.com
法律顧問：董安丹律師、顧慕堯律師

總經銷：大和書報圖書股份有限公司
地址：新北市新莊區五工五路 2 號
TEL：(02) 89902588（代表號）　FAX：(02) 22901658

初版一刷：2020 年 8 月
定價：新台幣 380 元

ISBN　978-986-5406-94-3
Printed in Taiwan

逆權女子

何が私をこうさせたか

獄中手記

金子文子

陳柏瑤 譯

金子文子「獄中手記」補遺
——朴烈與無政府主義者

沈旭暉
（香港中文大學社會科學院客席副教授／GLOs Founding Chairman／國際關係學者）

自從南韓平昌冬奧，兩韓關係忽然大幅改善，雖然與統一有關的具體建議還是全不可行，但南韓現政府寧取「血濃於水」的北韓、而不願配合美國的圍堵政策，卻已清晰不過。歷史上，也不是沒有出過兩韓都相對認同的「愛國者」，但通常都是悲劇收場，而這些人不少都是來自日治時期。這時代背景近年成了電影常見題材，宋仲基主演的《軍艦島》、孔劉和宋康昊主演的《密探》等都是其中例子。近作《朴烈：逆權年代》[1]（*Anarchist from Colony*）雖然屬於低成本電影，在香港亦未必有

1 根據真人真事改編，講述韓國抗日獨立運動家「朴烈」坎坷曲折的抗暴人生，以及他與日籍戀人「金子文子」間的真實故事。榮獲第五十四屆大鐘獎（韓國奧斯卡）最佳導演、最佳女主角等五項大獎。

機會公映（筆者也只是在飛機上觀看），在南韓卻掀起一定熱潮，也許因為這位傳奇人物獨特而又淒慘的一生，很容易令今人對號入座。

朴烈：三姓家奴還是悲劇英雄？

《朴烈》開宗明義以朝鮮無政府主義者、獨立運動家朴烈[2]為主題，他最為人知的事蹟，是他的「大逆不道之罪」：一九二三年，關東大地震發生後兩天，他以「企圖暗殺裕仁皇太子」的罪名，被日本殖民政府逮捕。經過漫長審判，朴烈成了全國知名的英雄人物，一九二六年被判死刑，後在內外輿論下被改判無期徒刑。一九四五年日本戰敗後，朴烈才獲釋。

獲釋後的朴烈，依然是朝鮮半島的民族英雄，然而經過漫長牢獄生涯後，他已經由年輕時的無政府主義者，轉變立場為反共人士，同時因為立場不夠涵蓋政壇光譜，爭奪主要領袖位置都失敗。韓戰爆發後，朴烈加入南韓一方參戰，不幸被北韓俘虜，立場隨即一百八十度改變，公開成為（或「被成為」）親共人士，更在北韓主張和平統一的組織擔任要職。到了一九七〇年代，金日成大權獨攬，準備金正日的接班，大舉肅清異己，朴烈又被北韓視為「間諜」，慘被處決，終結了複雜又多變的一生。

說來大多數民族運動抗爭者，都以立場鮮明堅定著稱，朴烈卻是個離奇的反例。終其一生，立場不斷改變，可能有人認為他純粹是機會主義者，但更可能的是，他根本沒有什麼選擇，只是一直被時代洪流主宰整個人生。今天那些依然有南北韓統一夢的老人，亦何嘗不是？

二十世紀的亞洲無政府主義

無政府主義在今日而言，自然是過於偏鋒的主張，但在二十世紀初的亞洲，卻是相對普遍的思想，日本尤其是先行地。中國思想家劉師培、章太炎等人，都是清

2 朴烈（一九〇二—一九七四），本名朴準植，韓國無政府社會主義者、獨立運動家。一九二三年，朴烈圖謀襲擊裕仁皇太子被捕，並裁決犯有大逆罪，是為朴烈事件。

末民初主張無政府主義的代表人物，他們接觸到無政府主義的機緣，都是源於反清失敗、流亡日本之後，例如劉師培一九〇七年在東京創辦《天義報》，是中國最早的無政府主義運動推手之一。朴烈的情人金子文子（本書作者），亦是來自日本的無政府主義作家；一九二六年，台灣最早的無政府主義組織「台灣黑色青年聯盟」，也是由持同樣立場、位於東京的黑色青年聯盟指導下成立。

不少東亞知識分子初次接觸西方思想後，曾不約而同提倡無政府主義，但只要接觸到現實政治，大都會改變立場。無政府主義雖然是相對左翼的主張，但無政府主義者過渡到左翼、右翼，都大不乏人。除了朴烈，中華民國開國元老之一的吳稚暉，早年於倫敦、巴黎等地生活，於一九〇七年發行報刊《新世紀》，鼓吹無政府主義；然而他深愛中華文化，擔心共產主義將徹底破壞之，於是投身國民黨，進行積極反共的工作，逐漸變成「大右派」。

關東大地震後的「暗黑兵法」

電影花了不少篇幅聚焦朴烈被捕、被審的經過，其中日本處理關東大地震時，對朝鮮人的不公和暴力，是著墨至深之處。朴烈作為無政府主義組織「不逞社」成員，曾計劃暗殺裕仁皇太子，本不足為奇，不過，電影傾向將暗殺罪名視為日本政府對朴烈的「莫須有」之罪。這樣的劇情，令人想到爭議電影《十年》，而從這角度閱讀關東大地震這場天災，也令人若有所思。

一九二三年九月發生的關東大地震，在日本造成逾十萬人死亡，然而天災過後的人禍，才是爭議所在。地震發生後，日本謠言四起，並傳出朝鮮人趁亂殺人放火、在水中下毒以反日。時任內務大臣水野鍊太郎主張發布戒嚴令，並被迅速通過。在政府和警方協助下，關東平民組織了自衛隊，由於群眾陷入恐慌，把朝鮮人趁亂暴動的消息信以為真，自衛隊連同警察、甚至軍人四出巡查，不斷有組織地殺傷朝鮮人，以致有電影中「將朝鮮人見一個殺一個」的劇情。

根據電影說法，關東大地震後傳出朝鮮人趁亂暴動的消息，是日本政府刻意為之的「暗黑兵法」。日本政府借助群眾的排外情緒，引發針對朝鮮人、甚至中國工人的排外暴亂，實際上是藉此機會，清洗朝鮮的反政府分子：包括共產主義、無政府主義，和獨立運動者，朴烈就是其中之一，從而得以繼續實行日本政府的擴張計劃。此外，把焦點轉向外人，煽動民族主義，也可以掩蓋日本政府預警不足、賑災無能、也未能有效控制群眾的責任。

不過這樣的政策哪怕奏效於一時，長遠而言，卻是災難性的。日本政府吞併朝鮮的計劃，本來就有不少爭論，明治維新元老伊藤博文等人並不主張即時吞併，原因是顧慮國際反應，和擔心不容易完全消化朝鮮，不過在他被安重根暗殺後，即時吞併的主張成為主流，然而也正如他顧慮的那樣，朝鮮從未被真正消化。一九一九年，朝鮮爆發「三一運動」，超過百萬朝鮮人上街爭取獨立，雖然運動以失敗告終，但徹底改變了日本對朝鮮的管治手法，由向來對殖民地慣用的武力管治，改為以文治為主，執行懷柔政策。關東大地震後改行「暗黑兵法」，其實是又一次逆轉，令日本消化朝鮮的部署落空。

二次大戰期間，日本將殖民地民族同化的「皇民化運動」，只是對琉球進行得最徹底，其次到台灣，在朝鮮則成效微乎其微，結果亦造就了三地今天截然不同的文化面貌。三一運動的失敗，令本來正在朝鮮就學的朴烈退學，並於同年前往日本，然後，就是電影講述的劇情。電影在南韓的受矚目，是否反映今天兩韓人民如何看待朴烈？只是期望看到有國人勇於反抗日本的景象？還是對他的悲劇一生感同身受？

目錄

難忘的身影

忘不了西元一九二六年七月二十七日——在栃木線宇都宮監獄栃木分所陰冷的牢房窗邊，發現了金子文子已冰冷僵硬的身體。原來文子在前一天的二十六日深夜，二十三歲的盛夏，與世永別了。

來到三十一日的深夜，在文子的母親、布施（辰治）律師與馬島（僴）醫師的見證下，我們一行十多人去到位於栃木町偏僻處的合戰墓地，準備挖取被暫時埋葬的文子屍體。

正值三時——月亮皎潔的凌晨時分——夜露密布合戰墓地的雜草上，映出蒼白的光芒，另一側的稻田無限的寂靜，葉尖閃耀著光，這死亡的墓地裡，僅有我們一行人的腳步聲，在異樣緊張與亢奮的驅使下，逐漸前進深入墓地。

然後——在那個不久前才獻上幾朵翠菊的墓所，從地下四尺的濕地裡挖出業已受潮而膨脹、濕軟且腐爛的文子屍體，那鼓脹的寬額、豐厚突出的嘴唇、膨繃到毫無皺紋的手指、臉皮已剝落的腐爛身體……若不是那異於常人的額頭與剪短的頭髮特徵，恐怕任誰也認不出是文子，才相隔兩日不見的可憐文子——與老舊棉布、木屑一同埋入棺木裡的文子。之後，那散發著腐爛屍體特有的臭味、且滴流著液體的棺木被放上貨車，如願地運送至距離八公里遠的火葬場，在相隔一天後的黎明，東方天際露出朦朧初曉的五時。

就這樣來到西元一九三一年——也就是文子自縊後五週年的那個七月到了。也就是今年的七月，文子被逮捕送進市之谷監獄四年期間所寫的手記，文子記述生涯的手記終於集結成書，出版問世。文子將此書（稿）從監獄寄給我時，附加提到，「以此手記向天地神明起誓（如果可以如此發誓的話……），這是我自己毫不虛假的真實生活告白，就某個層面來說，完全暴露的同時也是一種抹殺。這是我那受詛咒的身世的最後紀錄，也是為了告別這個人世的逸品。毫無私有財產的我，僅能以此作為我唯一的禮物寄送給你」。

五年後，終究得以將此書獻給這個人世，是文子生前在獄中四年期間的宿願，對我自己來說，也是終生難忘的事件之一。

隨著文子遠離，其身影逐漸淡去，然而活著的文子——誕生於這個人世，上吊自殺結束二十三歲青春歲月的文子——留下率性之謎而逝的文子——社會輿論肯定無法忘卻。

《是什麼促使我這樣做？》[3]真實道出文子為何變成如此，又為何必須如此去做？手記裡，她自己提出這個疑問，並且娓娓細答。而且，毫不掩飾、大膽、率直地將自己的一切坦露在自白下。

生前，她是個感情豐富的人，多話，愛笑，只不過一提及諸如朝鮮時的事，必

3本書原書名《何が私をこうさせたか》，繁體字版改為《逆權女子——獄中手記》。

然淚潸潸，最後放聲大哭。即使朴烈在旁皺眉制止，仍不得其果，她堅持說完那段慘澹且不幸的生活。那個性情中人的文子啊——。

一旦投入某個工作，必然廢寢忘食，對人生其實毫無期待，甚至是絕望，那個絕望到底發出苦笑的文子——她的生活、心性的堅毅、拚命三郎的性格卻又異常憂鬱感性，那個赤裸呈現自我的文子……我可描述的實在是太多了。不過，在這本手記，我想文子已經透過她的筆充分表達出來。

我也別賣弄自己拙劣的文字了，這本必然令人流淚的手記，就此獻給全日本有心之人士。

一九三一年七月　文子死後五週年

栗原一男[4]

4金子文子生前的同志，並委託編輯出版這本「獄中手記」。

我對於修訂的期望

金子文子

栗原兄

一、關於紀錄外的場景敘述，基於與前後文之關係等，我還是動用了技巧。不過，在紀錄方面皆基於事實，並且務求事實。故，請通篇以「事實之紀錄」看待與處理。

二、關於文體，極盡的單純、率真，請盡可能捨棄過度的修飾。

三、除了某些特殊的場景，請盡可能避免使用過度優美如詩般的文句，不賣弄虛華的技巧，不冠上迂迴的形容詞。

四、重點在於文體，請不要過度拘泥於文法等。

手記的一開始

大正十二年九月一日，上午十一點五十八分。突然，帝都東京所在的關東地區，從地心竄出劇烈搖晃。接著棟棟樓房發出碎裂聲響，進而歪斜、倒塌，人們活生生被埋入崩壞的房屋下，好不容易逃脫的人則如狂犬失神尖聲呼喊奔跑，文明的樂園瞬間化為悲慘地獄的世間。

隨著不絕的餘震、強震，如火山爆發的積雨雲朝向天際旋轉攀升。之後，四處冒起大火，黑煙淹沒了帝都。

人們激動、不安，進而是盲目無知的流言與騷動四起。

約是不久之後，在帝都警備的命令下，我們被帶到警察局。

到底為了什麼？我卻毫無論及的自由，只是被告知，即將被傳喚到東京地方裁判所的預審法庭接受調查。

在看守人員的引導下，我進入預審法庭的大門，一位法官與書記正等候著。一見到我，法庭職員開始整理被告席。等待期間，我必須手拿原本戴在頭上的覆面斗笠，靜默站在入口處。而法官始終冷靜看著一切。

等到我入列被告席，法官先是沉默地注視著我，彷彿欲把我觀察個徹底，終於開口說話。

「妳是金子文子吧。」

我回答是的，他的態度意外溫柔。

「我是負責妳案件的預審法官立松。」他自我介紹。

「還請高抬貴手。」我也微笑回應。

形式上的預審訊問也自此開始，然而，即使只是形式，法官仍得從問答中掌握調查的重要關鍵。所以，在此我也想記錄下當時的對話，這樣才得以更清楚明白關於我的手記之來龍去脈。

由法官的問話開始。

「首先，妳的原籍是？」

「山梨縣東山梨郡諏訪村。」

「若搭列車，在哪裡下車呢？」

「鹽山是最近的車站。」

「喔，鹽山啊？」法官略沉思，「那麼，不是大藤村啊，其實我非常熟悉大藤村，我認識的獵人住在那裡，每到冬天我都會去那裡……」

我並不知道那個大藤村。

「您這麼一說，我也不知該怎麼回答。事實上，我的原籍地雖是諏訪村，可是截至目前為止，我只在那裡待了兩年而已。」

「原來，妳不是出生在這個原籍地啊。」

「是的，我的出生地，根據父母親的說法，應該是橫濱。」

「原來如此，那麼，妳的父母親叫什麼名字？又住在哪裡呢？」

我想，這些事從警察的調查報告即能清楚明白，法官又何必再問一次，不免苦笑起來，但我依然誠實且坦率地回答：「也許情況有些混亂，戶籍上父親是金子富太郎，母親是吉，不過事實上，那是我母親的父母親，也就是我的外祖父母。」

法官露出驚訝的神情，接著又問起我親生父母的事。

我答道，「父親是佐伯文一，現在應該住在靜岡縣的濱松吧。母親是金子菊，我不清楚她現在的詳細狀況，想必就住在家鄉的娘家附近吧。在戶籍上，我與他們的關係，母親相當於姐姐，父親是妹夫。」

「等等！」法官打斷我的話，「我聽來有些奇怪啊，我明白妳母親為何是妳的姐姐，但妳的父親與母親的姓氏不同，又住在不同地方，原以為是已毫無瓜葛的兩個人啊……」

「是的。」我鬱鬱地回答，「父親與母親早就分開了。不過，母親的妹妹，也就是我的阿姨又與父親一起，現在也仍生活在一起。」

「原來是這樣啊，想必都有其苦衷啊。那麼，妳的父母親又是何時分開的？」

「已經是十三、四年前的事了，父親離開時，我好像是七歲吧。」

「然後呢？當時妳又怎麼了呢？」

「我被留在母親身邊。」

「所以，是母親一個人把妳扶養長大的啊！」

「並不是那樣的。父親離開我之後，不久母親也離開了。自此，父親或母親幾乎都未曾扶養照顧我啊。」

回答此話之際，感覺直至目前的所有經歷、經驗，全都展開滿溢於我的胸口。我的眼睛不禁還噙著些許的淚水。法官不知是瞧見了還是沒有，彷彿帶了幾分同情地對我說：「想必妳吃了許多苦，那麼，關於這個部分，日後再慢慢聽妳說吧。」接著他將原本放在書記桌上的文件挪到自己面前，準備開始進入案件的審問。

不過，我先前也提到，其實我根本沒有理由提筆記述下任何事，也無此必要。

然而，之後法官命令我，寫下關於我、關於我過去的經歷。聽說在法律上，有條文規定不得僅偵訊被告不利之事項，也必須詳細偵訊有利之事項，也許法官為了遵從這項不太被沿用的條文，認為我之所以犯下如此違背常理之行為，促使我如此做的理由必然與我的境遇有關。當然，或許也並非如此，只是基於他猶如記者的天生好奇心，才命令我做這事。無論怎樣都好，我就是遵從命令，寫下我的出身經歷。而這即是我的手記之由來。

這份手記，究竟能給法官帶來何樣的參考，我不得而知。不過，在已做出判決的今日，想必對法官來說，它已毫無用處了。因此，我拜託法官，歸還這份手記。我要將它送給我的同志，一則是得以更深入了解我，一則是如果它對於同志有所用處，希望也得以出版成書。

就我個人來說，我希望讓更多世間為人父母者讀到。也不僅是那些父母，希望那些期許社會良善進步的教育家、政治家、社會思想家，以及所有人都能讀到。

父親

我猶記得四歲左右的事。那時，我與親生父母住在橫濱的壽町。

父親是什麼職業，當然我一無所知。之後才聽說，父親那時在壽警察局擔任類似警察的工作。

在我的回憶裡，曾有短暫的時間，我如置身天堂。因為，我記得自己備受父親疼愛……

我總是跟著父親去澡堂洗澡。每天傍晚，父親讓我坐在他的肩膀上，我環抱父親的頭，兩人穿過澡堂的暖簾而入。去理髮店時，父親也必定帶著我。父親會膩在我身旁，費心髮際或眉毛該如何修剃，若還是不滿意，索性取了師傅手上的剃刀幫我處理。我衣物的花色也是父親選擇，就連提肩或提腰這等事，父親也會指揮母親如何裁縫。生病了，在枕邊照顧我的依然是父親。他不時為我把脈，手撫我的額頭，小心留意。那時候，我根本不必多說什麼，父親只消看我的眼神就知道我的想望，並為我滿足一切。

即使餵我吃食，父親也絕不漫不經心。肉，是剁得容易入口的大小；魚，是清除得不留一根魚刺。凡是飯或湯，必定親嘗過味道，若是太燙，耐心待涼才給我。總之，在其他家庭是母親為子女做的事，父親全為我做了。

現在回想起來，我不覺得自己的家庭寬裕。不過，對於人生，在我的最初印象，絕不是不愉快的。想想，那時我的家庭環境想必是相當貧窮且匱乏。然而，父親堅信自己是某氏族的後代、某正派家族的長男，事實上，他也的確被當時尚且富裕的祖父養育得驕縱任性，也因此儘管已身陷窘困，仍然想依從往昔的品味養育我。

我的美好回憶，僅止於此，旋即落幕。我發現父親帶著年輕女人回家，並目睹那個女人與母親不時爭執或互罵。同時，也看見父親摟著那女人的肩，踢打母親。

母親時常離家出走，有時甚至二、三日也不見回來。那時，我會被寄放在父親的朋友家。

對幼小的我來說，那是極為悲傷的事。尤其母親不見時，更是難受。然而，不知何時那個女人不再出現家中，至少在我記憶中她就是不見了。可是，取而代之的是，從此很少在家中見到父親。

我還記得，母親帶著我去到父親所在的住家——如今想來那應該是妓院——父親從被窩裡起身，不留情面地將母親趕出門外。偶爾父親會一路大聲歌唱，在深夜歸來。此際，母親總看似順從地將父親脫下的衣物掛在牆壁的壁掛上，接著從衣袖裡掏出零食的空袋或橘子皮等，然後滿懷恨意看著父親說：「竟然揣著這麼多垃圾，卻也不願給那個孩子買些點心回來……」

父親，當然已經不做警察了。那麼，那時他在做什麼，即使現在，我也一無所知。我只知道，他招來許多惡劣的男人一起喝酒或賭博，母親對那樣的生活總是埋怨嘮叨，進而與父親爭吵。

或許是那般的生活所致，父親病倒了。好不容易在母親娘家的援助下住院治療，母親跟隨照料父親，我則被帶去母親的娘家。所以有近半年的時間，我在外祖母與年紀尚小的阿姨們的照顧下度過。儘管與父母親分別，但年幼的我，在那段時間，相對是幸福的。

父親康復後，我又被接回父親的家。那時，我們住在海邊，純粹是為了病後父親的療養，以及體弱的我的健康著想。

是橫濱的磯子的海邊。我們一整天泡著潮水吹著海風。從此，我的身體猶如重生般，變得健康。我不知道那是為了讓我享受過幸福呢？還是大自然設下的惡作劇，為了把我引領至即將到來的悲苦命運。

我們恢復健康後，又再搬家了。在橫濱的郊外，是環繞著田地的十四、五間住家聚落中的一間房子。搬家後的那個冬天，某個下雪的早晨，我的第一個弟弟出生了。

我六歲時的秋天——那期間，我記得我們頻頻搬家。——後來，母親的妹妹，也就是我的阿姨，從母親的娘家來到我家。她患了婦女疾病，據說在偏僻的鄉下無法得到治療，遂住在我家往返醫院看病。

那時，阿姨年約二十二、三歲，五官端正，是個頗漂亮的女孩。她待人溫柔，該做的事總確實完成，認真勤勉又手腳俐落。因此，總是受人喜愛，也深受她的父母疼愛。不過，不知不覺間這個阿姨竟與父親的關係起了變化。

父親那時受雇於附近海邊的倉庫，做著盤點貨船工人運貨卸貨的工作，但一如以往，他老是編造藉口請假休息。也因如此，我家的生活根本難以餬口，或許是那樣吧，母親與阿姨在家搓麻線貼補家用。日日，母親以大布巾包裹搓好的三個或四個麻線團，背著弟弟外出去換取微薄的工錢。

不可思議的是，每回母親出門後，父親必定叫喚阿姨去到玄關旁他睡覺的榻榻米房間。明明好似沒有談些什麼重大的事，阿姨卻遲遲未從那個房間出來。我毫無自作聰明的好奇心，也從未去一探究竟。不過，某次終於躡手躡腳，從拉門把手處的破洞往內偷看……

我並不特別吃驚，畢竟我並非第一次見到那光景。我更幼小時，已好幾次見識到父母親凌亂做愛的場面，他們兩人真是輕忽大意啊。也許是那樣吧，我相當早熟，約莫四歲左右的年紀即對性起了好奇心。

母親是個冷淡的女人，既不嚴厲斥責孩子也不特別疼愛孩子，反而是父親，斥責時嚴厲斥責，疼愛時遠比尋常還要疼愛，這種性格想必更能擄獲孩子的心吧。小時候，我的確更常膩著父親。若不是見到母親為了父親受盡苦頭，我恐怕依舊與父親親近吧。但是，漸漸地比起父親，我與母親更親密了。因此，那時無論去到哪裡，我都緊抓著母親的衣袖跟著。但阿姨來了之後，父親覺得我緊跟在母親身邊，妨礙了母親外出，於是百般討好我，好讓我願意留在家中。回想起來，那其實是為了消除母親對阿姨的懷疑，並企圖掩飾他們所做的事。母親出門後，父親立刻給我零用錢，要我出去玩。不，應該說是被趕了出去。我並不特別想要那些零用錢，然而父親總是給了比平時更多的錢，要我去玩得更久些。但母親回來後，父親竟對母親抱怨，「那個孩子是壞孩子。知道我疼她，妳出去後，她立刻來討零用錢，然後跑出去玩了。」

之後，到了年末。

我記得是除夕的晚上，母親又背著弟弟外出。父親、阿姨與我圍坐在客廳的暖爐桌取暖。

那是個潮濕的夜晚。不同往常，父親與阿姨沉著臉，接著父親抬起原本喪氣的頭，以平靜的語調說道，「為什麼我家的運勢這麼糟呢，為何我的好運還不來呢，希望明年可以轉運啊……」

人是有所謂的運勢，當好運不來時做什麼也無濟於事，這是迷信的父親所信仰的哲學。父親經常說起那些，我自小就聽慣了。

他們兩人不知頻頻討論著什麼，然後阿姨起身從壁櫥裡取出裝有齒梳的盒子。

「就用這個吧！」阿姨拿出其中的一個齒梳，一邊看著一邊說道，「但我還是好喜歡這個啊，覺得好可惜啊。」

父親回說：「終究是要丟掉的，任何東西最後都是要丟掉的，更何況不過是個齒梳……」

阿姨把那個斷了齒的齒梳插在頭髮上，作勢想讓它從頭上掉落下來。

「不必插得那麼牢固，妳只要稍微插在劉海就好。」父親說，「從玄關走出去，到前面那個空地亂跑，馬上就會掉的。」

阿姨聽從父親的指示，插著那個齒梳走了出去。不到五分鐘，齒梳掉落，阿姨又返回家。

「太好了，厄運走了，明年好運要來了。」

父親高興說著時，母親回家了。

母親從背上放下嚎啕大哭的弟弟，趕緊餵奶，這時阿姨打開了母親帶回的包巾。裡面有年糕二、三十片，七、八塊的魚切片，三、四個小紙袋，然後還有一個貼著紅紙約莫值三錢或五錢的羽子板，僅止於此。

這些就是我們為新年所做的準備。

翌年的新年，舅舅來玩，回去後，外祖母也來了，說要帶阿姨一起回去。但最後阿姨不回去，只有外祖母獨自返回。

後來才聽說，原來新年時舅舅來玩，發現了父親與阿姨的事，回家後提及，外祖母擔心，故意找了嫁人的理由來帶她回去。

當然，父親不可能不知情，卻反而威嚇說阿姨的病情尚未好轉，現在嫁人恐怕危及生命。

「什麼，那無妨啊，因為對方有錢，說好結婚後立刻帶去給醫生看。」

外祖母如此回答，父親這回又搬出他的命運說，說是自己厄運不斷，只好拿阿姨的衣物去典當，目前還無法贖回，阿姨的身體孱弱根本不能務農，他自己也不能老是這樣下去，阿姨是他的親人，必定會想辦法在都市裡幫她找到好姻緣，總之編造了各種藉口，就是不願阿姨回去。

可憐的外祖母啊，她當然難以信服父親所說的，但她畢竟只是個缺乏智慧的農婦，終究無法說得過那狡猾都市佬的虛言謊話。

外祖母空手而回。想必父親像趕跑了厄神，終於放下心吧。而落得一人徒增苦悶的，不用說當然是母親了。事實上，之後我家始終處於混亂局面。那麼，阿姨呢？

阿姨的心情肯定也不舒坦吧。我記得，她時常二、三個月不在家。後來才聽說，阿姨為了迴避父親，一個人默默去人家家中幫傭。每回父親總是耐心四處尋找，最後總是能找到。

阿姨第二度被帶回時，我們又搬家了。是橫濱的久保山，附近有寺廟或火葬場，住家位在山腰處。

父親依舊無所事事，後來被迫需要賺錢，便在山腳邊的住吉町街上的今一軒商店對面，租借了房子，開始在那裡賣冰。

冰店的工作由阿姨負責。母親與孩子們則留在山上的家。起初父親說，他只有白天去冰店管帳或監督生意，但後來乾脆幾乎不再回山上的家了。換言之，也順勢把我們母子趕出他與阿姨的兩人生活。

那時我已經七歲。說是七歲，但因一月出生，所以剛好來到入學的年紀。然而，無戶籍的我卻無法去學校。

無身分者！對於此事，我從未多說什麼。但藉此，我必須自始至終說個清楚明白。

為何我是無身分者？表面上的理由是，母親尚未入父親的戶籍。那麼，為何母親依舊保持原本的身分？關於這件事，直到後來聽阿姨說起，我才知道真正的理由。據阿姨的說法，父親起初並不想與母親共度一生，打算找到好的對象就要拋棄母親，因而才故意不讓母親入籍。然而也有可能是，父親為了討阿姨歡心，才編出莫須有的謊言。但也說不定，父親是因為身為光榮的佐伯家後代，而不願讓甲州深山的農家女入自己的戶籍吧。總之，由於那樣的理由，我直到七歲仍是無身分者

當時母親跟在父親身邊已八年，對於不能入父親的戶籍，卻始終保持沉默。然而，我實在難以沉默，因為我多麼盼望去學校讀書。

從小，我就喜歡讀書。為了上學，頻頻吵鬧，母親受不了，準備暫且把我當作她的私生子去報戶口。但是，好面子的父親又不准了。

「笨蛋，怎能用私生子去報戶口，淪落為私生子，一輩子抬不起頭啊。」

父親如此說道。儘管如此，父親也不努力讓我入他的戶籍，好讓我去上學。不能去上學也就罷了，父親從未教我一字，他只是鎮日喝酒賭博玩耍過日子。

我已過了入學的年齡，卻依然不能上學。

日後我讀到以下這段文字，啊，有人可知我心中的感慨嗎。那段文字約莫是這樣的：

「來到明治之聖代，開啟與西洋諸國的往來交通。沉睡的日本國突然睜開眼睛，如巨人踏出步伐。一步足以飛躍半世紀。

自從明治初年頒布教育令，就連偏僻鄉下也新興學校，舉凡人之子，只要是心理或生理上並無不耐受教育之缺陷，不問男女，年滿七歲者，自四月起，國家強制接受義務教育。從此，人民一同享有文明的恩惠。」

而無身分的我，僅能從文字看著那恩惠。我不是生養在偏僻的鄉下，是住在帝都附近的橫濱。身為人之子，無論是心理或生理上也無缺陷。可是終究，我不能去上學。

有了小學，還有中學、女校、專門學校、大學、學習院。資產階級的千金小姐或小少爺穿著洋服、皮鞋，搭上汽車進到校門。然而，那是什麼感覺？那又能否讓我感到些許的幸福呢？

我有兩個一同玩耍的朋友，住在距離我家五十公尺遠的山上。兩人皆是與我同年齡的女孩，她們都去上學了。穿著暗紅色的袴子，頭上綁著大大的紅色蝴蝶結，然後兩人握著小手，一邊擺動一邊唱歌，每早從我家門前的坡道下山去上學。而我蹲坐在家門前的櫻花樹下，懷著無比羨慕也無比悲傷的心情望著她們。

啊，如果山下沒有學校，我應該就不會如此哭泣了吧。但是，如果是那樣，我也無法見到那孩子們喜悅的神情了。

當然，那時的我尚不理解，其實人們的喜悅是建築在他人的悲哀之上。

我想與朋友們一起去上學，卻沒辦法。我想讀書，我想寫字，而我的父母卻不教我一字。父親毫無此心，母親則不識丁。我攤開母親購物時包裹物品的報紙，不明白上面寫著什麼，只好順著自己的想像去閱讀。

那年的夏天，恐怕已近夏末了吧。某日，父親偶然在阿姨的店不遠處，同樣的住吉町內發現了一間私立學校。沒有戶籍的麻煩，無身分者也可以入學，從此我就去那裡上學。

說是學校，不過是美其名，其實是貧民窟雜居長屋內某個六張榻榻米大小的房間。陰暗的屋內，鋪著殘破敗架的骯髒榻榻米，上面放置五、六個札幌啤酒的空箱，即是孩子們的書桌，也是我書寫的搖籃。

師父——孩子們都這樣叫——是個女人，年紀約莫四十五、六歲吧。她把劉海梳綁成小小的髮髻，穿著髒汙的浴衣配上條紋的圍裙。

為了去學校，我得到一條布巾斜綁在背上當作書包，每天從山上的家步行經過阿姨的店，來往學校。一同上學的孩子們，恐怕多半與我的境遇相同，有十多人沿著羊腸小徑的老虎坂來到學校。

父親讓我去到那樣的私立學校，由於必須日日往返於貧民窟的長屋，遂忿忿地告誡我，「喂，聽好，妳是好孩子，妳去到那裡跟那個師父的事，可不准告訴來我們家的叔叔們。這件事要是讓別人知道了，我可是很丟臉的，知道嗎！」

阿姨的店生意興榮，儘管如此，仍存不了錢。也許存了錢，但父親鎮日喝酒賭博，終究坐吃山空。而且，不久之後，父親與阿姨的事傳開來。

縱使如此，阿姨的那個家還過得去，最可憐的是我們母子。那是某日發生的事。我們沒有任何食糧，到了傍晚甚至未食一粒米。母親帶著我與弟弟去找父親。父親正在朋友家。母親告知對方想要見父親，但父親始終不肯出來。

想必母親再也忍受不住，她突然拉開人家屋子外圍走廊的拉門，直接走入屋內。明亮的燈光下，四、五個男人圍坐著，正在賭博。

母親的憤怒頓時爆發。

「哼，我猜想肯定又是在做這事！家裡連一粒米都沒有，我與孩子們連晚飯也沒得吃，結果你竟然還能這樣逍遙自在地喝酒賭博……」

父親也氣得臉色大變，隨即起身把母親推落走廊，光著腳就準備撲向母親。若當時在場的那些男人沒有及時從後面抱住父親，並安撫母親，再把父親帶回屋裡，我那可憐的母親不知會被父親如何處置。

幸虧大家的幫忙，母親不至於挨揍。但是，我們沒有拿到一粒米一文錢，默默地從那戶人家離去。

我們努力壓抑心中的悲傷，沉默不語地爬上坡道。

「喂，給我等一下！」

是父親的聲音。我們以為父親為了拿米錢而追來，心底的抑鬱突然一掃而空。沒想到，根本不是那麼回事，父親竟是如此殘酷、猶如惡鬼的男人。

他逐漸逼近站在那裡等待拯救的我們，接著大聲怒喝，「給我聽著，妳竟敢讓我在別人面前丟臉。給我觸霉頭，害得我全盤皆輸，妳給我記住！」

父親抓起腳下的木屐，朝母親丟了過去。接著，捉住母親的衣襟，威嚇欲把母親推落山崖。當時是夜裡，什麼都看不見。後來，到了白天才知道，那裡可是灌木與荊棘叢生的深邃高崖。

弟弟驚嚇得在母親背上嚎啕大哭，我害怕得周旋在兩人身邊，拉著父親的衣袖企圖制止，突然憶起，父親的朋友小山就住在五十公尺外山下路旁的長屋，我邊哭邊跑去那裡求救。

「果然出事了……！」那人扔下手裡準備吃晚飯的筷子，隨即飛奔過去。

去到私立學校不久，即是盂蘭盆節。師父要求孩子們中元時帶來二斤的白砂糖。想必那是師父授課的唯一報酬吧。但是，我連那個也拿不出來。也許是生活的不如意，也或許是家裡的紛亂讓我無餘力顧及學校的事，總之，最後在根本來不及記熟二、三十個片假名時，就被迫離開學校，而阿姨的店，也熬不過那個夏天。阿姨和父親兩人又躲回山上的家。家裡更加紛亂，父親與母親爭執不斷。

我總是同情母親，對父親甚至起了憎恨。也因此，我與母親曾一同遭父親毆打。

有時，下雨的深夜，兩人還被趕出家門。

父親與阿姨依舊親密。不過，家人一直催促阿姨回家。終於，阿姨說要回去了，父親也說回去吧。母親與我皆鬆了口氣。

可是父親說，怎能讓阿姨空手回去，於是將店歇業後拿到的錢，買了當時價值約十七、八日圓的絹織長褂、腰帶、洋傘等。就像幼時父親親力親為地照顧我那般，父親也親自為阿姨挑選購買所有的物品。以前，對孩子的費心如今都轉向女人了。

已入秋。父親為了阿姨，整理打包行囊，就連我家最上等的寢具也放了進去。

母親背著弟弟，帶著我一同去送阿姨。

「讓妳在嫁人前，這樣兩手空空而回，真是對不起妳啊。不過，運氣不好，也只能這樣了……」

母親不停反覆著同樣的話，不斷向阿姨道歉，眼眶還噙著淚水。

我們送行到中途，隨即返家。而送阿姨直到列車停靠處的父親，則遲至傍晚才歸來。

好個愉快的夜晚啊，我年幼的心終於平靜下來。安靜、靜謐、平和的夜晚！但是，最終我們還是不被允許得到平靜的生活。因為，之後的四、五天吧，父親竟從我家消失了蹤影。

「啊，恨死了，那兩個人丟下我們，私奔了啊。」

母親咬牙切齒地說道。

我們懷抱熊熊燃燒的憤恨，同時心境又彷彿陷入無依無靠窮途末路的虛弱。然後，我們開始尋找他們兩人的蹤跡。某日，見到某戶人家正曬著我們家那上等的寢具，終於發現他們兩人了，可是我們僅僅落得如同往日揮舞木屐的追打，除此之外，完全沒有獲得一絲一毫的援救。

母親

被父親拋棄的我們，束手無策。起初還留有幾件可以換錢維生的物品，但不久也告罄。不用說，父親根本連一文錢也未送來給我們。

可是，我們必須活下去。之後，母親與名叫中村的打鐵匠同居，我實在也無資格責備母親。

「那個人的日薪優渥，一天竟然可以拿一日圓五十錢……這樣，我們可以過得比以前舒服，妳也可以去上學了。」還記得母親如此說，對著還不懂世事的我，帶著乞求寬恕的語調。

中村抱著一個小包袱來到我家，開始起居都在我家了。每天早晨，他穿著工作服，提著便當，去到稍遠處的工廠工作。

中村年約四十八、九歲吧，黑髮中夾雜著白髮，算是個外表冷靜，心底存著惡意，眼窩凹陷，身矮又駝背且猥瑣的男人。舉止優雅猶如貴公子的父親，其實打心底瞧不起做工之人，年幼不知不覺受到父親那般影響的我，因此根本不願親近也不想與中村交談，對待形同養父的他猶如陌生人，總是喚他「叔叔」。母親也不嘗試改變我，甚至自己也私下給中村取了帶有輕蔑意味的綽號「鬍碴」。

面對中村的問話，我總是藉機頂嘴，當然中村也會藉機懲罰我。母親不在時，他會一個人偷偷用餐，然後把食物放在我伸手搆不到的高處，或是把我捲進棉被丟入壁櫥，某個夜裡他以細繩猶如纏繞毛球般綑綁我，然後把我吊在附近河岸的樹枝上。

母親當然知情，但也無能為力。最終，我們還是只能詛咒著讓我們陷入如此境遇的父親與阿姨。「他們肯定會遭受懲罰，橫死路邊。」母親總是如此說道。

但對我來說，與中村生活在一起，最悲慘的並不是受到他的虐待或責備，而是與弟弟分開。

某日，我不經意聽到母親與中村的對話。

「既然這樣，盡快帶過去比較好啊，終究將來是對方的孩子，趁著還未長大較好啊。」

中村說道。

「把孩子給那個男人，我是不擔心，但說到底還是不忍心啊。」

母親回答。

我非常清楚他們在說什麼，滿心不安。

「媽媽，妳要把小賢送去哪裡？」我終於耐不住開口問了。

母親跟我說，她與父親分開時約定一人養育一個孩子，我歸母親，弟弟歸父親。

我真是悲傷極了，現在的我唯一的朋友就是弟弟了，我希望他就在身邊。我懇切拜託母親，「媽媽，我從明天開始不再跟朋友去玩了，早早起床很晚才睡，我會一直看著小賢，不讓他哭泣一聲，拚命照顧他。可以不要把他送去爸爸那裡嗎？媽媽，小賢不在，就剩我一人了，我會很孤單的……」

然而母親不理會我的祈求。

「那是行不通的，小文。那個孩子，讓我與妳一年到頭吃盡苦頭。好不容易，妳父親要那個孩子過去跟他們生活……」

無論如何拜託母親，她都頑強不顧，趁著中村不在家，我對母親說：「媽媽，如果一定要把小賢送到父親那裡，可以讓我也一起過去嗎？小賢不在的話，我一個人不敢待在叔叔這裡……」

儘管大人有大人的理由，然而母親卻是裝作完全不懂孩子的心情，冷酷回絕了我的請求。不過，那也是我的命運，我不得不屈服在那股力量下。

不久，母親背著弟弟去到父親住處。他們那時住在必須乘車才能抵達的靜岡。

弟弟不在後，我們又搬家了。說是搬家，其實是借住在人家屋簷下。那是鄰近電車線路旁的小房子，裡面有六張榻榻米大小與四張半榻榻米大小的房間，一戶從事港口卸貨工的五人家庭住在那間六張榻榻米大的房間，我們則住在四張半榻榻米大的房間。房間髒汙不堪，拉門貼的報紙已老舊泛黃，榻榻米也破損敗絮。

窗下的榻榻米有個最大的破洞，所以母親在上面放置暖爐櫃，其餘破損部分則鋪上厚紙板，再取白線與榻榻米縫合一起，如此可以防止塵埃從破洞溢出。

中村依舊去工廠工作。母親則找到稍遠河岸倉庫的篩選豆子工作。不過，我並沒有被獨留在家裡。母親殷殷拜託之下，我得以無身分去到附近的小學上學。

我當然很歡喜。與弟弟分別的悲傷，隨著上學也漸漸忘卻。這所學校，不同於之前那種放牛班的學校，算是設備齊全且正當辦學，學生們大體是良家子弟，女孩們都穿著美麗衣物，頭髮上每日繫著不同緞帶，其中也有些是由女傭或小長工接送。

但，又有事困擾了我。

上學後不久，禁止使用石版——據說是對肺不好——要我們帶鉛筆與筆記本來學校。但是，家裡的狀況由不得我。中村當然不可能理會我，而母親也無暇幫我張羅這個與那個。因此，為了一本筆記與一支鉛筆，我竟被迫二、三天不去學校。

母親希望把我轉到較不需花費支出的學校，不過基於地理因素，終究無法。

某日，父親突然來看我們。

父親那時似乎在從事某種買賣，背著很大的包袱，而且，即使幼小如我也看得出他意外的憔悴。

曾經那麼令我厭惡的父親，不知為何見到面，還是歡喜的。父親把包袱放在房間角落，坐在暖爐櫃旁與中村說話，我看著父親，覺得父親終究有種了不起的氣勢，也想與父親親密撒嬌。中村離席時，我在父親耳邊小聲地說：「給我買橡皮球。」因為我多麼盼望與學校玩伴一樣，也有一顆橡皮球。

那晚，父親帶我去廟會。一走到家門前的街上，父親蹲了下來，「來，我背妳。」他把我背了起來，就像更小的時候把我放在他肩膀上。

我在廟會的攤販上找到想要的橡皮球。父親說喜歡就拿吧，我選了有紅花圖案的橡皮球，大的與小的共兩顆。攤販還有好些東西，我發愣地望著。

「還想要什麼？」父親問。

我不語地搖頭。

「可憐的孩子……！」父親急忙離開，激動地說道，「妳還想要許多東西吧。爸爸很想買給妳……但是爸爸現在很窮……請妳忍耐啊，文子……」

我感覺胸口像有什麼湧了上來，不過，還是努力地壓下。畢竟小孩也覺得在眾人面前哭泣，很是丟臉。

我們又逛了逛，才回去。穿過明亮的街道來到陰暗無人的小路，父親說：「喂，文子啊，是爸爸不好，請原諒我！爸爸以前不走正道，連累了還不懂世事的妳，真的對不起。不過，文子啊，爸爸不會一直窮苦下去。到時候，我一定最先讓妳過上好日子，妳再給我些時間吧……！」

爸爸的確在哭，聲音激動，眼淚潸潸，我也哭了。

我已經不再是小孩了，像個通情達理的大人說道：「那些都不要緊了，無論多麼貧窮都好，只要帶我去爸爸的家……只要帶我去有小賢的地方……」

「我知道，我知道。」父親更加哽咽地說著，「如果可以，爸爸也想帶妳走啊。就算再窮，也不至於會讓妳餓死。但是，現在帶妳走，妳媽媽會孤單寂寞。因為妳媽媽很依賴妳，所以目前就暫時忍耐好嗎？要聽媽媽的話，還有現在爸爸說的話，乖乖聽話等著，爸爸會來帶妳走的，一定會來接妳的……」

父親停住了腳步，站在路旁壓低聲量不停哭泣。我也緊抱父親的背，哽咽不已。然而，父親知道不能這樣下去。他轉以明亮的語調說：「回家吧，媽媽還在家等著呢。」父親用力地邁出步伐，來到住家旁的小路，他讓我從他的背上下來，拿著白色手帕為我拭淚。

那個晚上，父親又背起包袱，落寞地回去了。

自此，只要一到傍晚，我必定會跑到小路口，眺望街上來往的行人，因為父親有一天會來接我。但是，父親從未來接我。

我們又搬家了。

一搬家，母親為了讓我上學，隨即又去學校向校長訴苦拜託，好不容易對方終於允許答應。

這所學校比起先前的學校，顯然窮酸多了，學生也多是貧窮人家的孩子，對我來說，是相當合適的學校。不過，學校卻把我視為麻煩人物。

早上，上課前老師會依點名簿一一點名學生，明明我也出席了，卻偏偏不叫我的名字。坐在我隔壁的人都被點名了，唯獨跳過我。現在回想起來，那的確不是什麼大不了的事，但對一個小孩來說多麼難熬痛苦啊。為此，我故意遲到，或是老師點名時就掀開書桌蓋把頭埋進去，抑或翻讀無關緊要的書。若遭到老師斥責，雙手就縮進圍裙底下，緊緊捏著。

入學後的翌月——約是那個時候的事吧。

某個早上，我拿著裝有當月學費的紙袋交給老師。不久，即被叫去辦公室。由於不知原因，我毫不畏縮地走進老師的辦公室。

老師讓我看那個裝學費紙袋，說：「這個只有袋子啊，裡面什麼都沒有，怎麼回事？」

當然，我什麼都沒做，就拿著母親給的學費來到學校。

「我什麼都沒做啊。」

我只能這樣回答。

「什麼都沒做，錢不可能不見啊，妳是在上學途中拿去買東西了吧。」

「沒有。」

「那是在上學途中弄丟了嗎？」

「沒有，我就放在書包裡……」

校長也對我投以嚴厲的眼神，並責備我是否拿去買了零食，最後甚至搜了我的書包。但是，書包裡既沒有錢也沒有任何像是買來的東西。

校長與老師的眼神更加警戒嚴肅，他們認定我一定是拿去買了什麼，責備我的輕率大意。然而無論怎麼被責罵，沒做的事就是沒做，我堅持自己什麼都不知道。

學校的雜役跑去我家，要母親來一趟學校。母親站在校長面前，起初有些驚惶失措，隨即了解事情的真相。

「這個孩子不會做出那樣的事，放心，她不會那樣的。」

母親如此為我辯解，她又說：「學費，昨晚是我放的，為了怕弄丟，特地放進書包裡。一定是我家那個人看見了。書包就掛在牆上，一定是那個人去工廠時取走了。因為這樣的事，也不是第一次了。」

母親又說了諸多實例，事實上我也知道，像是夾在筆記本的鉛筆，來到學校就不見了，我只好邊哭邊回家。類似這樣的事，一而再、再而三。

母親說的話，想必觸動了校長的心。還記得站在一旁，聽到了校長與母親的交談。

「這麼懂事的女孩竟在這樣的生活環境，實在可憐。如果可以的話，我願意幫妳照顧她，不如藉此做我的養女吧。」

如今回想，也許校長真的同情我，也或許因為校長沒有小孩臨時興起的念頭吧。總之，理由不得而知。不過無論如何，我總算擺脫嫌疑，反而引來大家開始為我著想，著實令我開心。

「謝謝！」母親感謝校長，但是，終究無法與我分開。母親說：「這個孩子是我唯一的孩子，也是我唯一的欣慰，無論怎麼辛苦，我都想靠著自己的能力扶養她長大……」

校長不再強人所難。我牽著母親的手，回到我們的家。

這件事之後，母親與中村肯定有了爭執。過去以來，中村似乎都在外面花錢喝酒，也許因為如此，才會拿了我的學費。且情況愈演愈烈，從中村脫下的工作服口袋裡，不時找到小酒館的收據或單據等。那樣花費的他，卻老是抱怨母親，要母親節省食費、不該隨意使用煤炭等。

母親又開始陷入苦惱。想想母親與中村之間，並不如與父親那樣，是因為喜歡才在一起，而是為了生活，肯定更加難熬。就在這時候，聽說中村竟偷賣工廠的機器，遭到解雇。

藉此，母親終於與中村分開了。

離開中村，我們先收拾家當，借住在朋友的家。母親把我寄放在那裡，每天外出尋找工作。每早母親出門時會對我說：「妳啊，不准到大馬路，也不准出去玩，萬一被中村發現，就糟了。」

由此推測，母親應該是趁中村不知情時，斷然離開的。

母親日日找尋工作，不過，在市內仍找不到適合的工作。母親認識的老闆娘的哥哥，聽說在郊外的製線工廠擔任監工，母親決定去那裡試試。

母親開心地跟我說：「不管怎樣，那個人畢竟是監工。既然是監工就有權力，只要拜託他，他肯定會同情我們，總會有辦法的。」

母親的軟弱依賴，就連年幼的我也看不下去。母親是那種落單就不敢踏出一步的女人，每一步都必須仰賴依靠著誰。但我畢竟還是個孩子，只能跟隨母親了。

去到製線廠，一切不如預期。首先，那人根本不是監工，只是個職位低下、負責煮大鍋水的工人。不過我們還是在那裡待了近三個月。不可思議的是，我竟不記得那時期的事。僅有的留存腦海裡，就是某日父親帶著朝鮮飴（譯註：江戶時代流傳下來的熊本縣點心，是混合米粉、麥芽糖、砂糖製成，再裹上太白粉，以防彼此沾黏）突然出現。

啊，那時我是多麼高興，以為父親遵守約定來接我了。父親來接我，肯定他過著寬裕的生活，我如此想著。

其實不然。父親還是父親，不知為何模樣變得更窮酸，不再是那個買橡皮球給我的父親。

父親出現後，母親不去工廠了，與父親生活在一起，就像從前那樣的兩人生活。可是有一天，父親又不見了。我不記得父親待了幾日，也不記得他何時離去，恍若沒有了記憶，或許那時我與父親彼此已漠不關心了吧。

我們又回到鎮上，母親找到紡織工廠的工作。我們租了長屋的一間房，我又回到那所受校長憐憫的學校。原本早已貧窮的我們，雖說不上愜意，但這回只有母女兩人，沒有綁手綁腳的那些了，生活反而順遂許多。我以為，只要無災難降臨，儘管母女孤苦，終究可以過著彼此牽絆的生活。

年幼的我如此祈禱著，多希望可以一直這樣下去。但是，果不其然，依賴心重的母親，沒有男人就難以獨活的女人——現在回想起來——母親又與年輕男子同居一起。

那個男人比母親年輕七、八歲，應該二十六、七歲吧，據說原本寄宿在母親認識的某個寡婦家。我當然也見過那男人，蓄著長髮，抹著髮油，梳理得亮麗，脖子上綁著藍色絲綢手帕，總是一邊抽著捲菸一邊到處閒晃。

母親決定與那個男人同居時，對我說：「聽說是個努力工作的人，最重要的是年輕啊，只要他能賺錢，這次妳我就可以享福了。」

我不願意，甚至覺得悲傷。我耍著性子，試圖反駁母親。

「媽媽，他才不是什麼努力工作的人，昨天、前天、大前天，無論什麼時候，我都看到他四處閒晃。」

母親不聽不聞我的抗議，她為那個男人辯解，昨天或大前天他是感冒才不能到工廠工作，那個寡婦阿姨保證他是非常勤勞的人。

話題結束不到三天，那個男人就來我家，從此長住。

那個男人名叫小林，是個貨船卸貨工，也是少見的懶蟲。寡婦讓他寄宿——其實是過著猶如夫婦的生活，由於他陸續有了二、三次前科，年紀漸增的寡婦終於也對他束手無策，於是想把這個包袱推給母親，為避免良心的苛責，遂煽動母親，讓她自願上鉤。

小林潛入這個家後，幾乎再也不外出了。縱使偶爾工作，只要遲到就乾脆不上工，或是編造理由中途休工返家。母親最後也不去工廠，兩人就只是睡覺過日子。而且，想盡辦法把我趕得遠遠的。

某個夜裡，已是九時過後，我還未睡，在唯一那個六張榻榻米大的房間角落複習功課。

小林與母親毫不避嫌地在旁邊的棉被裡嬉鬧。突然母親要我去買烤番薯。她躺著，伸長手到枕邊，從棉被底下抽出錢包，然後朝我丟了過來。從裡面掉出的五錢白銅幣與三、四個銅幣，紛紛滾落在榻榻米上。

「媽媽，這個時間買什麼烤番薯啊。」我不服地向她抗議，「那家烤番薯早就關門，人家已經睡覺了。」

母親焦躁且粗暴地說：「烤番薯又不只那一家，妳去小巷澡堂旁的那家，一定還沒睡，快給我去……」

聽到小巷澡堂旁的烤番薯店，年幼的我忍不住發抖，因為要到那裡，必須穿過八幡神社的森林。

「媽媽，妳買餅乾吧，餅乾店在比較明亮的地方。」

「不行，我一定要烤番薯！」母親怒吼著，「妳不聽大人的話了嗎，快給我去，沒有用的東西，有什麼好怕的。」

畏懼母親的怒氣，我決定出發。

「好啦，要買多少回來？」

「那個五錢滾到桌腳邊了，妳拿那個去買吧。」

母親躺在棉被裡，抬起下巴示意說道。我不甘願地彎身拾起白銅幣，取了廚房的包布巾，走下灶爐處的泥巴地。

打開房門，害怕地看看外面，一陣風襲來，外頭一片幽暗。從遠處傳來了防火巡邏員敲打梆子的聲音。斜前方左側便是完全漆黑的八幡神社的森林。那片森林，感覺比起白天更駭人、遼闊，那沉重鋪天蓋地而來，而我現在必須獨自穿過那片樹林。無可奈何，也只好往前走了。

我驚恐發抖地站在門檻外，不料母親突然起身：「還不快去！」然後把我推到外面，用力關上門。事到如今，一切都是命了。我極盡所能鼓起勇氣，死命地往前奔跑，甚至不記得自己何時已穿過森林。來到烤番薯店，以包巾包上暖呼呼的番薯，又再度像被什麼追趕似地跑過森林，片刻不敢歇息地飛奔回家。

但是，闖入家門時見到的場景，又讓我忍不住別過頭去，不得不再退回幽暗的門外。

原來母親根本不是想吃烤番薯，她只是想把我趕出去。

春季，來到學校的結業式。

然而，因憐憫才得以入學的我，卻無法領到證書。同時，也意味著我無法進級。母親又去拜託校長，最後通融讓我得以領到修完普通一年課程的證書。為此，母親向人借了男孩的絣織[5]窄袖和服配上鬱金染的腰帶，讓我穿去參加結業式。

典禮會場的最前方，有張桌子覆蓋著白布，底下是堆積成疊的證書與獎狀、獎品等，左右側並排坐著穿正式和服的家長或老師。身著禮服的孩子們，則整齊排隊在桌子的後方。

典禮開始。校長致詞後，一一點名孩子到桌子前，遞交證書或獎品等。大家開心且驕傲地收下獎品或證書，再退回到自己的位置。

最後輪到我。被點名的我穿過隊伍，興奮地站在桌子前，致上最敬禮，高舉雙手。接著，校長遞給我一張紙。

是的，那其實是一張紙。其他孩子拿到的是四邊堅挺的紙，上面印有活字印刷的結業證書，只有我的是對摺的和紙，以毛筆寫著小小的字體。從校長手中接下後，那紙隨即彎摺癱軟。

當下，何等羞辱啊。無論是同學手裡的上等證書或獎品，也無論是左右側的家長或老師，就連舉行結業式，都讓我覺得眼前所有一切，皆是特意安排來羞辱我的。既然這樣，不來還更好吧，我更恨的是穿著男子和服且出席的自己。

那些事也就算了，我家的生活日日艱難。我們僅能靠典當過活，櫥櫃不見了，暖爐櫃也賣了。只要能換錢的東西，不斷拋售。最後終於輪到我了，母親準備把我賣到妓院。

那是那日發生的事。

就連年幼的我也知道家裡窮到三餐不繼，可是母親卻買了垂掛著紅色梅花的髮簪給我，還有以前我想要的其他東西。我欣喜若狂。

母親幫我梳髮，插上髮簪。我的和服僅有一件日常服，也不可能買新的，不過，

5 以不同顏色的絲線在一塊織布上交疊，凸顯出特殊的花紋。

母親特地幫我整齊穿上。母親為我做這些事時，嘴裡不停叨念著，我們家如何貧困，把妳養成這個模樣真是可憐。聽著聽著，我忍不住掉淚了。

隨後，母親又轉為開朗的口吻對我說，「不過小文啊，幸好現在有地方要妳了。那裡不像我們家這樣貧窮，也許最後妳還會搭上玉轎（譯註：意指女性與有錢有勢的人結婚）。」

與母親分開，去到別處人家，固然寂寞，但是年幼的我知道母親為了我吃盡苦頭，因此如果有那樣的地方肯收留我，心想也無妨了。當然，那時的我尚不知道何謂「搭上玉轎」。心想，如果能坐上那樣的東西，肯定是挺了不起的。我不知道該悲傷還是歡喜，總之就是抱著難以言喻的心情隨著母親離開了家。

母親帶著我去到一處頗為雅致的人家。我們進去，坐在玄關等候。不久出來一位繫著黑色絲綢腰帶的中年婦人，母親致意，她也傲慢地回禮。

現在回想，那個人就是看顧藝妓或妓女，也就是從事人口買賣的業者。婦人肆無忌憚地端詳我，像一個商品擺在她眼前，接著開始討價還價。

「再怎麼說這個女孩子還太小，要長成那個樣，再怎麼加減估算，少說也要花個五、六年時間，這期間的費用可不得了啊。首先，不能放任她只是玩耍，得讓她去學校，至少也得讓她上完普通小學。而且，也要讓她懂得在客人面前應對進退得宜。所以，到那個程度，可是要花費不少工夫……」

這是對方還價的策略。

母親啊……母親也許真的感到悲哀吧，她一邊哭泣一邊回答：「我啊……我也不是真的想要錢想到把孩子淪為娼妓。所以，錢的事還好商量。我只是太窮了啊，想說這樣做，也可以為這個女孩的將來著想。」

「說得也是啊，就算是娼妓，只要出人頭地，還是了不起的……」

買家捉住母親的弱點，順著母親的話。母親則趁機拿出她帶來的父親的戶籍謄本，讓對方看看家族祖譜，努力想證明我們家，也就是我父親是所謂某氏族後代，而且還附加說明，「我想若加上這個，也算是有頭有臉了吧，對日後的出人頭地也有幫助吧……」

至此，對方想必是認定獵物入網了。儘管母親對對方開出的金額並不滿意，不過大抵已說定了。

我當然明白，這一切與母親帶我出來時所說的不一樣，不過我尚不懂何謂娼妓何謂藝妓，既然也能讓我去學校，也教我禮儀技藝，似乎也不那麼抗拒了。

接著，母親問到會讓我去哪裡時，婦人回答東海道的三島，母親突然憂鬱起來。

「不能讓她去比較鄰近的地方嗎？」母親哀嘆地說道，「三島，實在太遠了，不能見到面……」

「是啊。」對方面露困惑的神情，「可惜鄰近地方並不缺人，只有三島缺人啊……」

母親又堅持了幾次希望我在鄰近處的要求，對方斷然拒絕。為此，母親終於打消念頭。

「既然這樣，那日後再來拜託您了。」

母親惋惜地回絕，然後我們又回到那個陰暗、落寞的家。現在回想起來，當時我是何等幸福啊。母親說她那麼做，都是為我的幸福著想，想想的確是如此啊，否則她實在沒有必要只因無法見到我而拒絕對方。

折賣掉最後的家當，一整個家終於什麼都沒有了。房東天天來催促房租，而附近的小店也不肯再賒帳我們任何物品。因此，母親與小林商量，某個晚上我們悄悄分別背著剩餘的家當，欠債逃走了。落腳在偏僻的廉價旅社。我們的處境淪落到最谷底了。

我們借住在一個三張榻榻米大的房間，其他房間則雜居著工人、修傘匠、算命師、魔術師、木工等各色人物。無論下雨的日子、晴天的日子，他們多半遊手好閒，萬不得已才不情不願披上工作服或穿上破舊的工作褲，外出掙錢。回程又禁不住去喝了便宜的酒，醉到不成人樣才回來。回來後，又開始吵鬧喧嘩，或是賭博，或是吹噓些不合邏輯的大話，最終往往演變成令人害怕的打架。

在這般氛圍下，懶惰的小林更是沒有工作的企圖心，日日夜夜，從早到晚在房間的角落睡覺，就連年幼的我也看不下去，愈發不解有人可以這般過日而不嫌煩。

我們幾乎不曾一日吃足三頓飯，什麼都沒吃的時候更多。我總是餓著肚子，即使現在我仍記得自己曾拖著那個空空的胃，虛弱地走在街上，看見人家把燒得焦黑的米飯丟在圾垃堆裡，便趕緊偷偷放進嘴裡。猶記得，那是何等的美味。

「讓妳受苦了，對不起啊！」母親常常面露羞愧地向我道歉。

我說：「都是因為妳跟那樣的男人在一起啊！」母親顯得更加為難的回答說：「以為至少肯做事也好，沒想到竟懶惰到這個地步。這是懲罰啊，真是的，以後不管誰說什麼，就算再怎麼苦，一個人生活總好過現在。那時候若是與妳兩人相依為命，今天也不會落魄至此。」

母親垂頭喪氣，叨叨絮絮說著，待她再抬起頭時似乎下定決心，斬釘截鐵地說道，「但事到如今，想分開也分不開了。既然如此，只能等到有一天被迫分手，才能不顧一切斷得一乾二淨……」

我不懂那些話是什麼意思，只能氣憤母親的無用。

母親經常責罵小林，可是他仍不為所動。母親只得自己接些搓麻繩的工作，然而後來也不做了，不知哪裡不舒服，每日毫無生氣地睡睡醒醒。

我畢竟還是個孩子，即使那般苦日子，依舊想出去玩。某日我與附近的孩子在堤防下遊玩，母親拖著緩慢的步伐過來叫我。

母親有氣無力地問我，這附近有無酸漿木。孩子們非常好心，大家開始分頭找尋，結果在不遠的橋下找到了。其中有個孩子說他老早知道在這裡，正等著它開花結果，他幫母親連根挖了起來。

母親接過說聲謝謝，隨即把根折下，然後把酸漿根放進衣袖裡，返回家裡。

那夜，我看到用舊報紙包裹起來的黃色酸漿根，放置在房間的燈架旁。

如今想來，應該是母親懷孕了，試圖拿酸漿根墮胎。

小林的故鄉

終於入秋了。

母親與小林不知如何攢了錢，總之兩人帶著我回到小林的故鄉。

小林的故鄉在山梨縣北都留郡，村名已不記得了，依稀是處遙遠的深山。小林的家務農，過著還不至於太潦倒的生活，他們共有三名兄弟，卻無人爭氣，次男的小林算是最靈巧的。他們的父親死後，小林替代兄長掌控家中經濟，卻在散盡家產後離家出走。家中的人當然擔心小林，不過始終未有音訊。沒想到這回小林帶著比自己年長的妻子回家，大家又驚又喜，為了小林，也只得盡量從旁協助。

先前說忘了村名，其實是個名叫小袖的村落。基於氏族社會的血緣關係，遂形成這個共十四、五戶人家的寧靜小村落。村裡根本沒有我們可以居住的地方，大家商議的結果，遂整理了小林的大嫂娘家西側的倉庫，作為我們的住家。

原本是囤積柴薪或稻草之處，地板也腐朽，牆壁也塌了，下雨時還會漏水，簡直破舊得不知如何是好。不過，釘補上舊木板，混泥補牆，重新鋪上稻草，還算稱得上起居的空間。屋內有十張榻榻米大的木地板，卻僅有最裡面鋪著兩張破舊的榻榻米。換言之，那兩張榻榻米即我們的寢室兼客廳兼餐廳。灶爐在近入口的木板地，既然原是倉庫，所以無門戶也無圍欄，夏天夜裡，只得懸掛草蓆代替，來到冬天實在太冷，只好借來兩張門板，塞進入口處再以繩子綁緊。遇到暴風雪的夜晚，冷風混著雪毫不留情地衝進屋內，一早灶爐旁常積著雪。更糟的是，左側隔著殘破一牆即是馬舍，右側則是與屋主共用的廁所，環境極為骯髒。

小林或許在這個家特別安穩吧，竟開始勤於工作，幫忙家人燒材製炭。母親則為附近人家做些裁縫，報酬就是人家送來的蘿蔔、薯類等蔬菜，總之食物方面，保證不虞匱乏，倒也令人安心。而我，自從那個結業式後，終於又回到久違的學校上學了。

在此，我必須說一下自己憧憬的國度，然而，又必須先提及小袖的生活樣貌。對於那些日日望著都會七、八層高的大樓與銀座絢爛櫥窗的人們，或那些以自用轎車代步進出咖啡廳的人們，或夏天有電風扇冬天又有暖爐的人們，恐怕會認為我接下來所言都在騙人。不過既非說謊或誇大其詞，我認為，都會的繁榮是透過與農村的交換，徹底詐取了農村的結果。

一如前述，小袖是由十四、五戶有血緣關係的親族組成的村落，換言之，屬於一種原始社會。

村落位於相當陡峭的山麓，向南日照良好的山谷間，無一水田，有的僅是山巒以及開墾後的旱田。因此，村落仰賴維生的產業，以春季至夏季的養蠶為主，還有旱田種植的少許麥子、桑葉與供自家食用的蔬菜，至於砂地種植的是山葵。冬季，男人的任務是上山燒炭，女人則在家編織裝炭的草袋。由於屬於山區部落，論及村民的收入，還是幾乎——七、八成來自於炭。

也因為如此，村人的飲食相當簡單。所謂的米飯，就如我現在吃的裸麥，甚至比監獄的粗糙。畢竟監獄是四分六的米飯，也就是攙了四成的蓬萊米，村落的米飯則連一粒白米也沒有。但，村落的米飯不似監獄會攙入蟲啊石子啊雜草等。倒是燉蔬菜，基本上與監獄相同，因為兩者皆連一塊砂糖也捨不得添加。在村落可以吃到的魚僅有鹽漬鮭魚，而且一個月只能吃到一次左右吧。

不過，這等寒酸的飲食卻是保健的不二法門。實際進入山裡會發現，處處結著各種豐富的果實，諸如阿科比或梨子或栗子等，都富有近來標榜的維他命，且包含一般食物缺乏的糖分或熱量。不只是孩子，就連大人也隨摘隨食。吃剩的就是鳥或鼠類的食糧，有些果實，甚至連動物也尋覓不到，直到從枝頭成熟墜地，而後腐敗。孩子們也追逐那些動物，不過誰也不捕殺，否則或許還能成為食糧吧，尤其是兔子，總在村落的後山或往返學校途中的樹林，跳躍奔跑。

當時的我是如此親近大自然，以至於始終深感村落的生活多麼符合理想，多麼健康且自在。究竟為何村落變得悲慘呢？我不知道更久遠以前的事，不過在德川的封建時代，以及今日的文明時代，農村的確為了都市的繁榮，漸漸消瘦乾枯。

我認為，既然農民可以養蠶紡絲，那麼穿著絹製的工作服不就好了，又何必遠道向城鎮的商人購買棉製的衣物或腰帶。農民把蠶繭或炭賣到都市，反倒買回品質遠遠不能相及的棉料或髮簪，於是在物品交換的迂迴間，農村的財物慘遭都市掠奪。

然而，村落絲毫未察，在金錢誘惑下，不惜變賣炭或蠶繭。抓住這個弱點，都市的商人更加深入村落。那些行商帶著一盒十片的和服內領、一盒昆布或乾貨、一盒日用品、一盒的各種餅乾，一盒盒交疊堆高，或許再塞進木屐或更多乾貨，然後以大包巾包裹，背在背上來到村落，也不是一家家造訪，也不是一一打開貨品，而是把較富裕人家的灶房當作臨時店鋪。

「商人來了！」

消息傳遍村落，女人們隨即湧入聚集，拿起想要的東西看了看，再問價錢，然後抱怨說：「太貴了，人家阿雅十天前去鎮上，才花二十錢買了一樣的東西。」

行商面對這些討價還價，一一解釋說明，理由不外乎品質不同或價格肯定合理。

也不僅僅那些話，還得說得讓人想掏錢來買，所以算是頗耗時的交易，導致最後行商必定住宿在某戶人家，也不是什麼費解之事了。至於住宿費，僅是都市商人旅社的四分之一或五分之一左右，有時他們甚至被當作旅客，受到熱情款待，不收取費用等，而行商趁著落腳期間，還能多少賣些東西。

女孩們瞞著父親，偷偷買了和服的內領或髮簪。母親們偷偷拿著蠶繭、或是手紡的絹絲、或是乾柿、或是剛拔起還沾著泥沙的山葵等，交換價值根本不到三分之一的物品。就這樣，村民費盡勞力的結果，全遭這些行商奪走了。

村裡的郵件投遞，約是五天一次或七天一次。有信來時，若是入冬，拿了信，脫了鞋，隨即窩進暖桌，與家人一邊喝茶一邊閒聊，或是大夥聚在一起讀信，或傳看隨信附上的照片，直到吃飯時間才悠哉悠哉各自返家。偶爾寺廟有信來時，去到寺廟旁和尚的住家，與和尚玩上一盤盤圍棋，甚至不知天色已暗。

再說到學校，位在叫鴨澤的小城鎮邊陲。僅有普通科，就學孩童有六、七十名。同之前的師父那間學校一樣設備不完善，老師是個愛喝酒又粗暴的男子。

從小袖出發到學校，必須經過人煙罕至、約四公里的山路。冬天，積雪嚴重，無論男孩或女孩皆穿著竹皮編的鞋子，以手巾裹住頭臉禦寒，日日往返於同一路上。

不過，儘管是那樣的學校，仍需要自備筆啊紙啊墨啊。可是，村落並無現金這種東西，需要這些東西，孩子們會背著一、兩竹簍自家的製炭，趁上學之便，順路到學校旁的店家，一次又一次換取所需。總言之，也就是以物易物。

至此，我也絕不能遺漏其中一重要之事。就是背著一竹簍的炭，走過四公里遠的山路，那些孩子究竟是多大的年紀啊？其實，其中有個女孩才九歲。我也想仿效他們，但從小在都市長大的我實在辦不到，再者，家裡也沒有可讓我背去的炭。

我還必須寫下一件事。雖說是小事，但對都市長大的人來說，實在是難以想像。在小袖，廁所裡是沒有衛生紙的，上廁所使用紙張是很奢侈的舉動。就連寫信，他們也是用淘汰下來的破舊門窗紙。那麼，又是以何物取代衛生紙呢？村人將竹片或樹枝又削又切成筷子的長度，放置在廁所的一盒子裡，用過的則放進另一個箱子，待存到一綑後，就拿到山下的溪裡清洗以便再做使用。這絕非捏造，而是事實。

早春的某一天，我家誕生了小孩。小林家的奶奶非常開心，既然是春天出生，就取名「春子」，希望為出生的孩子捎來祝福。

馬運載了五、六竹簍的炭，與小馬一同去到二十多公里外的市街，而後馬背換成了小包的米、小魚乾、衣物。那就是給初生嬰兒的賀禮。而春子也的確健康長大了。

三月末，我又再出席結業式，那個總是充滿羞辱的結業式。不過，這一次毫無難堪痛苦，因為老師說，就算無身分者，這種鄉下地方的每個孩子都能拿到證書。為了這一天，母親依然為我做了棉的筒袖和服配上外罩。我穿著開心地與大家一同去到學校。

無聊的儀式開始後，大家都歡喜地領到證書。僅有我，儘管老師承諾每個人都會領到，卻依然不給我。就那樣，我等到了最後，發現依然落空。

典禮結束後，大家準備回家，只有我一時還未能意會過來，茫然佇立原地。老師走了過來，在我面前揮著證書與優等獎狀。

「妳的證書就在這裡，總共兩張。若想要，就叫妳母親來拿，回去這樣跟她說。」

結業式前，孩子們從家裡拿東西致贈老師，是極為平常的事，其中又以酒居多。換言之，老師是要我拿酒來交換證書。

我家未致贈過老師任何東西，就算想也拿不出什麼可送。還有，母親並不是個處事面面俱到的人。

被老師那麼對待，我真是不甘心，遂不跟隨同伴，一個人獨自走小路回家。一直進到灶爐旁，終於忍不住大哭起來。母親安慰我：「別擔心，我會拿酒去，把妳的證書取回來。」

可是，我怎麼也忘不了那羞辱。

「算了，媽媽，不要！」

我逞強地說道。之後也不去學校了。

其實我非常落寞，即使至今，我還是難以說明、解釋當時的心情。嚴格說來，恐怕就像任性的孩子哭鬧到不哭時的那種狀態吧。

過了幾日，沒想到舅舅——也就是母親的弟弟來看我們。

舅舅為何知道我們的住處？那是因為來到這裡的第一個新年，我幫母親寫了賀年片給她的娘家。當時，母親如此說道，「事到如今，實在開不了口要他們來接我們回去，只希望他們看到這賀年片，會來接我們啊。」

接著，母親又說：「我們若回去了，恐怕會被說三道四，但總好過這裡的貧窮，而且，妳外祖父與外祖母不知會多高興呢。」

母親相信，只要寄出那張賀年片，舅舅肯定擔心與父親分開的我們，一定會來接我們。

「姐姐在嗎？」舅舅跨過門檻出聲問道。

「你來了啊。」母親早已眼淚潸潸。

兩人開心地站著說個不停。我從他們的對話中得知，舅舅收到賀年片後想立刻過來，但連三次積雪深到不得不半途而返，只好等到雪融了才出發。舅舅來此，就是為了帶母親回家。

小林從工作地歸來，大家開始談判，就連小林的父母親、附近的親戚也來了。

小林的老母親逼問著母親：「既然這樣，為何不早說呢。早說的話，總還是有辦法的……」

有什麼辦法呢？那是什麼意思？起初我不明白，聽著聽著漸漸懂了。

母親回說：「我也知道啊，但是實在太可憐了……」

母親的這句話，讓我想起一件往事。那是嫁去鄰村的女孩與母親的對話，從中我詳知了某些事。

「別大聲嚷嚷啊，那可是輕鬆就能辦到的事。」那個女孩在灶爐旁小聲地對母親說，「妳知道嗎，××××××××××××××××××××××，×××××××××，××××××××××，×××××××××××。××××××××，×××××××。××××一邊看著那孩子，一邊說還沒嗎還沒嗎××××××××，××××……現在住在隔壁的那個大姐，聽說年輕時生下無父的孩子，家裡的人不忍心，就是那樣偷偷把那個孩子埋了。」

始終沉默的母親臉色鐵青，像是害怕著什麼，最後僅能嗚咽地說：「實在太可憐了……」

春子也會被怎麼樣嗎？我擔心著。經過三、四日商量的結果，決定讓春子留在小林身邊。

翌日清晨，我與母親跟隨舅舅離開村裡。房東的小女兒小雪以外罩裹著春子，背在背上送我們到村口。

善感的小雪不停哭泣，眼睛都紅腫了。然而春子什麼都不知道，沉沉地睡在外罩裡，睡得好安穩。

終於要離開村子了，不得不道別。繞過山腳，來到路的轉彎處，是分別的時候了。

但，母親怎麼也無法再往前，才走了四、五步，又回過頭去，將孩子從雪子背上卸下，坐在路旁矮牆的草地上，搖醒熟睡的孩子，放聲哇哇大哭，將乳頭硬塞進春子的嘴裡。撫著孩子的臉，又以臉磨蹭，然後對站在一旁哭泣的小雪說：「拜託妳了，小雪，拜託妳了！」同樣的話不停反覆著，從出發直到現在不知說了多少遍。

母親始終無法離開那孩子。舅舅已走了百公尺遠，大聲呼喚著，母親才終於起身，然後把春子放到小雪的背上。忍住的淚水再也無法克制。

母親與我，每走三步就停下腳步，往後望，雪子一直站在那個轉彎處。走了二、三百公尺遠，還看得到方才的轉彎處，我們又再回頭望。終於，清晨的濃霧包圍了小雪的身影，迷濛一片，只有春子的哭聲猶如劃破夢境，一路清楚粉碎了清晨山巒的靜謐，彷彿怨恨著丟下她而去的母親與姐姐。那哭聲一直不停，一直不停……

那就是我與唯一妹妹春子的訣別，是的，永遠的道別。從此之後，不知春子是生？還是死？

母親的老家

從小袖出發，第二天午時過後，我們抵達距離母親老家不到百公尺的窪平小鎮。只要再加把勁就到了，但母親走不動了。她說，正中午回到村裡實在太丟臉，所以讓舅舅先回去，我們就在那兒的理容院整理久未打理的頭髮，順便給外祖母買些禮物。回到母親的老家，已經是日落天黑時分。

外祖父母當然欣喜，但似乎又藏著悲傷，我們也一樣。

外祖父母將主屋做了區隔，他們住在最裡面的房間。母親之後的第三個阿姨嫁到兩百公尺外的商家，小舅舅離家出走，大舅舅——來接我們的那位——後來才知道他是戶長，有個二歲大的孩子。

我被寄放在舅舅家，母親則去到她年輕時待過的製線廠工作。我雖然寂寞，但不再顛沛流離，反倒安心，平靜地度過日子。

然而，不幸還是降臨到我身上。那個夏夜，舅媽突然喚起熟睡的我。我睡眼惺忪起身，發現母親竟來了，她卸下腰帶正坐在廚房旁的客廳吃飯。

母親為我買來薄棉紗的襯衣與髮飾，我當然開心，不過也偷偷擔心著：「媽媽該不會又辭去工作，待在家裡吧。」母親此刻應該在外地工作啊，為何這個時候回來了呢？我不明白，但也沒有過問母親或舅舅或舅媽。

原來母親收到「父親病篤速回」的電報，急忙趕了回來。不過，外祖父不但沒有生病，還相當健朗。

翌日，包含那個應該病危的外祖父在內，還有外祖母、舅舅夫婦與母親不知在商量什麼重要的事，他們想支開我，要我出去玩，但我還是賴在一旁不肯走。

「聽說有三個孩子，不過都長大了，不需要費神。」

外祖父說道，外祖母也立刻接著說：「家境小康，更重要的不是像我們這樣的鄉下地方，又是正派做生意的人家，過去老是纏上那些傢伙的妳，這可是難得的姻緣啊。」

仔細一聽，是在鹽山車站附近經營雜貨店，名叫古田的老闆，生活不虞匱乏，希望娶母親作為續弦。

母親若去到那裡，我該怎麼辦……？我不安地靜靜望著母親。但母親絲毫未察，她回答：「是啊。」貌似思索，一經催促竟允諾說：「那我就去看看吧，不過若不喜歡，也不想勉強，畢竟有這個孩子在我身邊，已經安心了。」

我驚訝極了，心中滿是恐懼。

「媽媽，拜託妳不要去，不要去……」

我環抱母親的頸項哭著說。

「真是對不起妳啊！」母親說。

外祖父母安慰我，還羅列了諸多好處，像是母親只是嫁到附近，隨時都可見面，況且這麼一來去城裡的機會也多了。最後，母親還是決定去了。

是的，母親還是去了，為了追求她的幸福把我留下，就像父親那樣對待我與母親……

拋棄我們的父親突然回來，還給我買了橡皮球的事，先前已提過了。當時的我是多麼思念父親，但之後，父親完全未實踐約定。我已經放棄了，放棄父親的愛了。自此僅依賴一個人，那就是母親。可是，這個母親終於也要棄我而去。不禁想起母親要把我賣到妓院的事，當時母親說是為了我的幸福。然而，真是如此嗎？難道不是為了擺脫自己痛苦的生計才準備賣掉我嗎？

啊，如果可以的話，我要用盡所有氣力對世間吶喊，尤其詛咒這人世的為人父母者。

「你們真心愛著孩子嗎？你們的愛，僅僅擺盪在本能與非本能之間，充其量不過是徹底為了自己的利益偽裝愛孩子的模樣罷了。」還有，「像我的母親那樣，也不是真心愛著孩子，她為了自己的幸福可以暫時丟下孩子，若不行了，再回來賴著孩子，只是不負責任的愛著孩子罷了。」

聽起來或許充滿情緒性，但請原諒我吧，我是因那時候，甚至往後許多日子裡的絕望，才說出這些話語。

母親離開了，我仍待在舅舅家，也去上學。

我對小學已不再憧憬，事實上，我依然被當作多餘分子。

上體操課，明明比我矮的同學還有多位，卻只有我被說是「多出來的」，遂被要求站在最後面。若遇到偶數人數，還有人作伴。但偏不是那樣，我就真的是多餘分子，跟在隊伍最後面。上課時，明明我什麼都會，只有寫字與繪圖不特別拿手；大家都拿到聯絡簿，偏偏我沒有。

心灰意冷之際，母親帶著最年幼的繼子來玩。曾經那麼恨母親，見到面，還是依戀。母親要帶我去她現在的家，一開始我拒絕了，可是她硬是堅持，我最後還是跟著去了。

母親的家販售著食品、小雜貨或文具等。我與那家的孩子相處愉快，唯獨對成為母親丈夫的那個人，怎麼也親近不起來。住了兩晚，我就想回去了。

「哎呀，已經想回去了嗎！」母親流露出落寞的神情，又說了許多話想留住我，但，我還是執意要回去。

母親不再堅持，把鏡台拿到屋子的外廊，然後幫我梳理頭髮，再從櫃子最上層抽屜拿出紅色中國刺繡綢緞布邊做成的小布袋與布繩給我。

母親說：「前陣子在櫃子底下發現這塊剩下的布，就想給妳啊，所以偷偷縫製這些。」

接著又去店裡，拿了三罐罐頭、一袋白砂糖與一雙有紅色人造皮革繫帶的草鞋，迅速放進布巾，然後以衣袖遮遮掩掩，帶我走了出去。我們來到竹林裡的水車前，母親讓我背上那個布包，又去附近餅乾糖果店買了點心給我。

「邊吃邊回家吧，路遠，不要迷路了，跟大家說，下次我趁空檔會再回家去。」

母親像是要哭了，我也是，所以只能默默點頭。是的，我的確想哭，但是，不知什麼止住了我的淚。

好像從那時候開始，我就變成那般悲慘的個性。

回到家的我，又繼續上學。儘管被當作多餘者，我還是無法討厭學校。去上學，成了我唯一的愉悅。

冬天將至時分，住在朝鮮的祖母來到我們的村裡。

祖母與外祖母同樣年紀，當時約莫五十五、六歲，不過，比起外祖母還要健朗，氣色也好。更重要的是衣著，她披著大島紬（譯註：平織的絹布）的外套，猶如不知哪裡來的大戶人家出外旅行般，與農民的外祖母截然不同，看起來更年輕。

祖母要帶我去朝鮮，扶養我長大。

這位祖母與離開我們的父親的妹妹，住在朝鮮。姑姑沒有生孩子，在我三、四歲時，曾表示若膝下始終無子，希望可以養育我長大。最後父親與母親以那樣的方式分開，後母的事也無著落，導致最後我與母親回到她的娘家。所以，祖母了解原委後立刻趕來。

祖母明快地說了她們的想法。父親與我的阿姨在一起，父母親只得分開，她們多少也有責任，何況朝鮮的姑姑已經不可能有小孩了，正好可以收養可憐的我。如今母親也找到好人家，姑姑的家也算富裕，如果我能在那裡長大，肯定是最好的結果。

朝鮮的祖母為我帶來美麗的衣裳。價值三十五日圓的紅色腰緞帶，還有我從未見識過的平織絹和服、外套、袴、禮服、肩袋、木屐、緞帶等。據祖母說，還有許多呢，但無法裝入行囊，只得放在家裡。

朝鮮的祖母基於譜系，對於無戶籍的我不知如何是好，所以拜託外祖母先讓我成為外祖母的五女，然後再帶我走。

對我來說，那些衣裳實在華麗，說來或許有些誇張，但的確都是我未見過、未摸過的東西。穿上它們，竟混雜著難以言喻的羞恥與喜悅，我忍不住一再端詳著和服的衣袖或腰帶的模樣。

「來，快去朝鮮了，就穿著這一身去跟大家告別吧！」

就這樣，我聽話的穿著絹織的和服，繫上綢緞的腰帶，還有大大的紅色蝴蝶結，跟著舅媽到學校、鄰居家道別。

這一身打扮太過華麗了，附近女孩們都聚集在我家後門爭相看著。

「小文真的變幸福了……」

大家異口同聲，彷彿我過去的苦難都一筆勾銷了。

母親也來了，她同樣為我高興。

「穿著這一身衣裳，照張相該有多好啊。」舅媽說，母親也回答：「是啊，這附近若有照相館，該有多好啊！」

「如果是照片這等的事，等回去立刻照了，寄送過來。」朝鮮的祖母見到大家吃驚的模樣，隨即補上一句，「照相館每月會來我家一兩次，所以可以立刻寄來。」

「那拜託您了啊！」大家齊聲說道，祖母又接著說：「不過要見上面，恐怕還得等一陣子，只要從普通學校畢業，去到女學校，成績優秀的話，就可以進女子大學了，這麼一來就得到東京來，屆時都可見到面了啊。」簡直把無限希望寄託在我身上。

不僅這些，還提到絕不會讓我生活匱乏，無論是生活必需品，就連玩具，只要我想要的都可以買給我，一切無須擔心。

當然，大家都高興得流淚了，我也歡喜得不得了。

連日的雨天終於結束，在那個天空晴朗、微冷的清晨，大家前來送我，並獻上祝福的話，然後我就與祖母一同啟程。

嶄新的家

我來到朝鮮了。來到準備給我幸福且充滿希望之光的朝鮮。

究竟最後在朝鮮，給予了我約定中的那些嗎？如果繼續閱讀以下我的記述，自然能清楚明白，不過，我必須先說說對命運來到此時的感想。為什麼呢？因為如不事先說明，讀者恐怕會因之後唐突的變化而感覺混亂了……

那麼，我的感想如何呢？

若要一言以蔽之，那就是我期待從祖母那裡得到的——祖母對於孫女的愛，極少，以至於些許的失望，同樣的，祖母對我的期待也得到我極少的回報。然而，我還不至於失去希望。我必須抓住等著賜予我幸福的神。

抵達朝鮮，抵達朝鮮的我的家，在忠清北道的芙江，家族姓氏岩下。岩下？讀者恐怕此時已滿是狐疑，為何我家明明是佐伯，父親的母親竟不是佐伯，而變成了岩下。在此說明一下。

祖母十五、六歲在廣島結婚，不過，二十七歲時丈夫就留下包括九歲的長子等四個小孩，離開人世，不久最小的兩個小孩也死了。接著身為長子——我的父親，竟也離家出走，家中剩下一個女孩，即現在的姑姑。我的姑姑在廣島讀完女學校，立即有海軍軍人來提親，但遭祖母拒絕。之後的提親者是一名沒沒無聞的官吏，然而祖母非常中意，立刻答應，儘管長子不知去向，也不打算把女婿收作養子，就讓我姑姑入了那個男人的戶籍。換言之，法律上，姑姑是嫁給了那個男人。不過，祖母孤單一人，加上不討厭這個女婿，於是便與這對年輕夫婦同住在一起。姑姑嫁入夫家，自然以丈夫的姓氏為主，基於這樣的理由，我來到的這個新家是岩下。

芙江

岩下一家住的芙江，是京釜沿線的一個小村落，日鮮雜居，有著眾多的朝鮮人，以及約莫四十家族的日本人，兩民族相處並不融洽，各自成立自治體制。朝鮮人這邊設有所謂的「面事務所」，由一位面長管理朝鮮人的相關事務；日本人這邊，則設立如同日本國內役所的事務所，由一名村長等級者負責。

日本人的村落，又是由哪些單位構成呢，分別就是各一戶旅館、雜貨店、文具店、醫生、郵局、理髮店、苗鋪、餅乾店、木屐店、工匠、小學老師等，五戶憲兵，三戶農民，二戶賣春店，還有四戶在車站工作的站長與站員，三、四戶的鐵路工人，以及針對朝鮮人放高利貸的六、七戶，兩戶仲介、買賣海產等，販售香菸或日式餅乾的小店則有二、三戶，大約如此。

這些為數不多的日本人，由於當初都是為追求利益而來的，彼此之間幾乎毫無共通的精神和牽絆，支配著村落一切的大抵都是基於金錢。只要有錢，自然有勢力，即使是村裡的行政事務——說來有些誇張——事實上也是操控在某些人手裡。換言之，有錢就可以遊手好閒，就可以打扮都會的流行時尚，如階級人士的耀武揚威。最有權力者，僅僅有錢還不夠，還得有田有地，在這裡扎下生活的根。當中又以高利貸業者居多，其次是憲兵、車站長、醫生、學校老師，這些人的女眷被尊稱為「夫人」，以下的商人、農民或工匠等的妻子則統稱「老闆娘」。

由此看來，似乎大致區分為兩個階級，不過彼此猶如水與油，界限分明，若非如喪禮法會或慶賀的受邀，絕不相互往來。

相同階級者的來往送禮，如節令或七夕的糯米糰等就不說了，還要加上新年的年糕。即使是親戚關係，也不能流於敷衍、應付，必須合乎責任義務，對方贈予多少數量，甚至價格，收禮的這方也要同等回報。儘管各家可以張羅盤算的相當有限，但互贈鋪張高貴的禮物仍是常態。總體來說，人際往來是花俏、虛榮的，在慶典或喪禮時穿戴所費不貲的衣裳也成了女人們的習慣。

芙江雖是個小村落，卻儼然主要幹線的停車場，每每有名人或高官等搭乘列車經過，無論小學生或憲兵，就連村裡的有心人士，乃至女人們莫不爭相出列，半義務地自願列隊站前送迎。這時，他們會在西裝上別著「紅十字會員」章，或在絹織和服的胸口別上「愛國婦人會」的徽章，或乾脆別上容易與二錢銅幣混淆的「清州芙江間道路開通紀念」章。然而，多半情況則是，連本尊名士高官乘坐在第幾車廂也不知道，只能眼看著列車行駛而過。偶爾，十次約有一次吧，停車長達一分鐘，趁著那個時候身著正裝袴的管理者，便必恭必敬地拿著鋪有紅色綿紗布的盆子，放上列席人士的名片，遞向車窗窗口。

除此之外，這個村落會有些變化的，就是擺出提燈籠隊伍或扮裝隊伍。時而在高台空地架設小屋，跳舞、跳躍、彈琴、歌唱，或表演戲劇、狂言等。

果然非常符合新殖民地的風俗習慣，不分男女，藉由這些活動，打破單調的生活，自娛自樂。——然而，無論如何，終究是第一階級的專屬活動，第二階級只落得茫然觀看。

岩下家

我的姑姑家——岩下家，在這般氛圍中算是最有權勢的家族之一。擁有不算大的五、六處山林，以及供朝鮮人耕作的田地，取得的收入，再以朝鮮人為對象施放高利貸。

姑姑的家位在線路軌道北側的高地。

這地區，南側的人稱他們的地方為本町，北側是鄉下；北側的人稱南側為下町，他們自己的則是「山手」。其實，相互只為滿足自我的自負。

姑姑的家在「山手」，屬於最高處。屋裡，四個榻榻米大、附暖爐地板的房間共四間，兩間兩間各自形成鑰匙狀排列。房屋的外觀是低矮茅草屋頂，就建築物本身來說，其實相當簡陋，不過占地寬廣。屋後還有兩棟柴房倉庫，穿過庭園前的田地還有一棟米倉，庭園種植著果樹與蔬菜。

姑丈出生於長野縣，是個沉默敦厚的男人，以前擔任鐵道的維護主任，後因列車出軌翻覆造成死傷而引咎辭職，隱居在這個鄉下，興趣是拈花弄草與吟唱謠曲，算是極為平凡的男子。姑姑與姑丈年紀相差十歲，身材高䠷，是個優雅、靈巧且堅強的女人，個性上可說是帶有男人行事的明快。姑姑喜歡玩歌牌，所以不論新年期間，即使平時也常邀請同階級的人到家裡，除此之外也彈琴或舞蹈，春天時到田野採蕨，秋天則去山裡採松茸，擁有恰如資產階級配偶該有的嗜好興趣。

鄰居們稱這個家中的祖母是「不管俗事的老夫人」，其實她根本不是什麼老夫人，且指揮著姑姑家的一切。

我在朝鮮的生活

之一

我是在母親、外祖母、舅媽、村人訴說著即將到來的幸福與祝福下離開村落的，因此，我是懷抱著各種美好的夢想，來到了朝鮮。

然而，之後立刻察覺並非如此。

相信祖母的我，其實並不奢望穿上絹織的和服或華麗繁複的腰帶，不過還是希望能如多數千金小姐們那樣的裝束；也不奢望得到答應買給我的玩具，不過還是希望至少能為我買些我喜歡的書本。同時，也期望這個世間有如父如母的人疼愛無父無母的我。然而，這一切一絲一毫也未降臨在我身上。

我當然感到失望，不過對這般的事況，自幼已習以為常，並不特別痛苦。僅記得一事，就是被帶來姑姑家後不久，心頭常湧起一股無法言喻的寂寞。

某日，一位初次謀面的女人見到我，或許出於客氣吧，她說：「哎呀，哪來的乖女孩！」

祖母不見欣喜，只若無其事地回答：「可不乖啊，是認識人家的女孩。因為家裡太貧窮，從不知應對進退的禮節，只會口出粗俗的話語，老是讓我丟臉極了。不過實在太可憐了，我才收留她。」

說是貧窮人家的孩子，也不是什麼大不了的，我年紀雖小，卻自知過去的生活是如何貧窮、多麼可憐。但是啊，但是，祖母為何不願提起我是她長男的女兒，我是她的孫女呢？當時並不若現在了然的心境，為了這件事，莫名陷入萬般寂寞孤單。

不僅僅那一次，祖母老是向外人如此介紹我。不，也不只那樣，就連對我，她也要求萬一別人問起必須那樣回答。說到後來，還以私語般的腔調加上一句，「不照著做的話，妳與我們畢竟在戶籍上毫無瓜葛，讓人知道真相，妳、還有妳的父母，大家可要去穿紅衣服了（譯註：坐牢，過去的受刑人是著紅衣）。」

那是什麼意思，我不全然知道，不過，還懂得穿紅衣服的意思，所以也明白那是威脅和恐嚇。因此，在朝鮮的七年間，我從未與人提及實情。

想必祖母她們終究認為，在過度逆境中長大的我性格扭曲，遣詞用字粗鄙隨便，實在配不上這個高尚家庭，甚至有損門風吧。還是孩子的我，卻一點也不懂其中原委，依然堅信自己是姑姑家的孩子。

之二

來到朝鮮不到十日，我便開始去村裡的小學上學。

學校位在村落的中心區，是茅草屋頂的平房。打開教室一旁半實心的木拉門，便可隔著二、三塊田，望見另一邊市場的人群、驢馬、牛、豬隻等。

學校屬於村立，學生不到三十人。老師是位六十多歲、誠實的老人，據說因為是村裡醫生的親戚，才得以來此教書。我入學時，學校並無三年級的班級，只得去到四年級。在那個以啤酒箱當書桌的學校半個月左右，算是普通小學一年級的話，之後斷斷續續升級了四回——我的一年級頂多才半年，二年級五個月，三年級還不到四個月。而現在九歲的我，卻已經上四年級了，說勉強確實勉強，不過反而覺得開心。

何況，老師說：「小文啊，就算是金子家那樣貧窮的孩子也無妨喔，接下來把自己當作岩下家的孩子，努力用功讀書。若輸給一般家庭的孩子，或做了什麼丟臉的事，我可是會立刻撤去妳的名字……」

自己果然被當成岩下家的孩子，令人開心。事實上，同學們也都稱呼我岩下。學期考試得到優等獎、結業證書上也記載著岩下文子。

不過，升上五年級，不知為何成績聯絡簿竟變成了金子文子，我當然知道結業證書也會是金子文子。

沒想到僅有半年吧，他們就奪走了我使用岩下姓氏的資格。我並沒有輸給其他孩子，也不記得做了什麼羞恥的事。總之，我已經不是岩下文子了。

究竟為什麼？

至今我仍無法理解，只能揣測。

自從上學以後，姑姑就把庭園裡的一間房間挪為我的書房，並要求我每天從學校回來，就得關在裡面複習功課一個小時。

不過，我不覺得自己需要複習。雖然不知道原因，但在普通小學二年級時，我就已經能讀懂六年級的課本，三年級讀懂高等二年級的《修身》。換成數學，小學課程中從未遇到解不開的題目，全部都會，十一、二歲就可以心算四位數與四位數的乘算。唱歌方面，只要老師唱個四、五遍，我便能完全記得。不擅長的，只有像是習字或畫圖等需要技巧的科目。因此，無論複習或預習，對我完全起不了作用。

我一進到自己的書房，立刻放下肩上的書包，一邊啃著姑姑給的煎餅，伸長脖子等候著祖母的呼喚。

有時，實在太無聊了，時間僅過了一半我即飛奔而出，打算找祖母她們撒嬌訴苦。

「我不複習也沒問題的，奶奶……」

結果祖母怒視著我，說：「像金子這樣貧窮的人可行不通啊，我可不准妳學著一樣偷懶。」

對祖母的不能理解，雖然感到悲傷，但我仍不洩氣，鼓起勇氣請求。

「因為，我不複習也可以讀得很好，我想讀更難更有趣的書啊……」

這樣的期盼，當然也遭到訓斥。

「別那麼志得意滿。要書本，學校的課本就夠了。」

祖母她們說的話絕對是命令，我只有遵守，起初放棄掙扎，乖乖複習，後來實在難熬，乾脆做起人偶或玩丟球。既然要玩，當然希望到外面去，但如此的請求，自然會遭到斥責，於是我打開書本或筆記，假裝複習的模樣，暗地裡玩樂。不幸被祖母發現了。她躡手躡腳走來，突然打開房間的拉門……免不了一陣痛罵。

接連四、五次後，我的讀書時間終於被沒收了。

這對我來說，是史無前例的大挫敗。畢竟我以為，那就是祖母她們撤掉我成為岩下家族後代資格的最初也是最大的理由。

之三

習字或繪畫，以及後來的裁縫，這類需要技巧的科目都是我最不擅長的。

不過，我並不特別討厭，也以為沒有人天生笨拙。如今回想起來，打從在橫濱的學校，我就未能常使用到毛筆、紙張或鉛筆，再加上屢屢輟學，根本沒有熟練的機會。一直到朝鮮之後，才開始有了自覺。

我察覺到自己的字寫得不好，想要多加練習。然而，姑姑他們卻連最要緊的紙也不願充足提供。

我說：「今天是習字課喔！」姑姑僅給了兩張和紙，而且還是為餽贈他人禮物包裹之用而囤積的和紙，往往帶有摺痕或皺紋。我儘管不拘小節，不追求完美，卻也還是在意，勤習的心情盡失。何況寫壞了，還無紙可寫，因此，從四年級到高等[6]

6日本舊制小學校又分為六年制的尋常（普通）小學校和兩年制的高等小學校。。

畢業，三次僅有一次吧，我交出了謄寫紙。或許因為如此，至今我不僅字寫得醜，就連筆也不太會使用。

關於繪畫，有一難忘的回憶。

升到普通五年級時，我們開始要使用畫具。我不得不拜託大人買給我。我自知必備的東西他們都不願意了，更何況這樣的請求。但我還是誠惶誠恐的說了，姑丈第一個反應是：「妳把畫冊拿來給我看。」

我拿出畫冊，姑丈看了一眼：「嗯，畫到這個程度，這些就夠用了。」說完從他的畫具箱裡拿出用剩的紅、藍、綠三原色顏料，以及用過的兩支畫筆。

最後那些畫具也用罄了。剛好村裡的學用品專賣店正販售一種像墨那樣可研磨使用的新顏料，由於色彩鮮明，加上是新產品，大家紛紛使用，我也想要。我想這應該算必需品吧，忍不住某日早上開口拜託了他們。結果只拿到十二錢。

「只能買必要的！」姑丈說，姑姑也贊成。不過，祖母可不允許。

「妳啊！」祖母放下手上的筷子，睥睨地看著我，說：「妳啊，可別忘記，自己可是無身分的人。無身分的人喔，知道嗎。就是生下來了也等於沒被生。所以，是不能去學校的，去了也是讓人瞧不起。我是因為覺得可憐，才讓妳入戶籍。若不是我救了妳，妳以為妳可以像平常人去上學嗎？所以，要先懂得感恩，感恩我們的慈悲。別忘了自己的身分，還妄想像別人一樣，要求這個要求那個。再這樣任性，可不讓妳去學校了，別忘了這是我們的權力……」

最終，我還是不能買畫具。不過，畫具的事倒還好，而是祖母隨時掛在嘴邊「無身分的人」，再次傷了我的自信，一輩子也無法忘懷。

讀者啊，我已經說過了，自幼不能去學校，就算去了也被當成特殊分子，全是因為我是個無身分者。如今長大成人的我，才能清楚寫下這個事實，當時根本不了解為什麼，也因為不了解，更加憤怨、羞恥，被當作特殊分子，不能領到獎狀等，只感覺悲傷，一直到了朝鮮，我才知道一切源於自己是無身分者。

但，無身分是我的罪嗎？我的無身分，並非我能掌控，而是我的父親與母親，只有他們兩人該負起責任。但是，學校拒我於門外，他人藐視我，連有血緣的祖母都輕蔑、威嚇我。

以前我什麼都不知道，只知道自己被生下來，然後活著。是的，我清楚明白自己活著。就算祖母說即使生下來也等於沒被生，我還是被生下來了，且活著。

之四

升上五年級的那個夏天，學校改為公立，有了高等科。師範學校畢業的年輕老師取代了老老師。

那時候，正好附近一帶進行大規模的線路工程，在鄰近山裡挖到了鎢礦，一時引人矚目，許多日本人紛紛住進村裡，學校學生人數突然暴增到百人，學校為此便在姑姑家所擁有的山腳下建了新校舍。我們移到了新校舍，雖然有了兩間教室，但老師還是僅有一人，授課同樣難以完善。

姑姑他們不給我上學的必要配備，新任的服部老師就借我畫具或鉛筆。老師的確同情我，但又必須討好村裡最有權力者，明明經常來家裡玩，也不敢為了我，給予姑姑或祖母任何意見或建議。可憐的服部老師啊。此刻我真想這麼說。

之五

到了十二、三歲時，我被指派到廚房當祖母的幫手，換言之，從岩下家的後代淪為女傭。

女傭，必須處理諸多家事，在寒冷的冬天淘洗米粒，或頭綁毛巾在暖爐地板下生火，擦拭燈罩後，還要清理廁所。我不委屈，反而感謝他們給予我人生的修練。不過啊，不過，再怎麼說人終究是人，尤其女生，有時候我還是覺得辛酸。

不記得那是春天還是秋天，某個下著綿綿細雨、微冷的日子，姑丈外出去歌謠會，男僕高在庭院的米倉廊下搗米，緊閉拉門的房間裡，祖母彈著三味琴，姑姑正在反覆習舞。

是那樣安靜的當下，我一個人蹲在爐灶前的泥巴地上，聽著沉重的木杵聲、滴滴答答的落雨聲、無限悲涼的三味琴樂聲，不禁陷入難以言喻的落寞裡。

我愛著那落寞裡的靜謐。不久，菜葉煮熟了，我趕緊從滾水裡撈起，浸泡在冷水裡，接著拿起鍋子走到水井旁的水溝，準備倒掉鍋裡的熱水。不料，中途被熱氣燙到赤裸的手臂，痛苦之下，不禁放掉鍋子的把手，頓時鍋子掉了個粉碎。

察覺失手，已經太遲了。不過，我並不覺得犯了什麼滔天大罪，祖母一來到，便淡淡地向她說起。祖母一聽，立刻怒斥我：「把鍋弄壞了？妳這個沒用的東西……」

我嚇得縮起身子，愕然地望著祖母。

祖母不斷斥責，最後竟要我賠償。

我順著那話回答：「好！」大約半個月後吧，祖母去到市集買了別的鍋子回來。聽說之前那個鍋子四、五年前只需七十錢，之後物價翻騰，這回竟索價一日圓二十錢。

祖母說：「還好鍋蓋沒壞，又順便買了其他東西，車資就由我來付吧……」

來到祖母家之後，僅拿過一次十錢零用錢，這樣的我該如何支付那一日圓二十錢呢？難道要從當女傭的月薪裡扣嗎？話說我連一文錢也沒拿到啊。最終那筆錢，從我當初由鄉下啟程到這裡時，大家塞給我的共十二、三日圓餞別禮金給付。

之六

儘管如此，弄壞東西，賠錢就能熄滅祖母部分怒火，對我來說至少還是好事，也是拯救。賠也賠不完，那才難以忍受，時而得接受體罰。

十三歲的正月二日，早晨，岩下一家圍著餐桌吃年糕湯，不知何故，祖母的祝箸（譯註：新年時品嘗料理或年糕湯時使用的筷子）竟折斷了。

由於那筷子是我年末時收進專用袋裡，責任就歸屬於我了。祖母臉色大變，拿著筷子朝我擲來。

「這是怎麼回事，給我觸霉頭！」祖母開始咒罵：「這才剛正月，小文，妳是在祈禱我早死嗎，妳給我記住！」

我拾起祖母丟來的筷子，一看，原來筷子的中段被蟲蛀了，開了兩個大洞。

我不知原委，未能事先察覺的確是我的疏忽。但是，為何變成我祈禱祖母早死呢？況且，我完全不知道竟有那樣的祈禱詛咒。

「對不起，是我沒有檢查發現……」

我道歉了，但祖母仍不願饒恕我。這時，該怎麼辦才好呢？就過往的經驗，我僅知道兩個方法，一是承認自己的疏失到底，若還不行，就再道歉：「如您所說，我以後會小心謹慎。」

但是，我怎麼也說不出：「如您所說，我就是祈禱祖母早死。」那是十足惡劣的事，倒不如早死的是我吧，況且，也無人可以論定必然有那樣的結果。可是若否定了，祖母肯定也不會放過我。

我不知該如何回答，陷入迷惘。最後只能說實話，說自己毫不知情。

終於祖母搬出往常的體罰。

往常的體罰！只要想起，我就發抖。

隨即也不讓我吃年糕湯了，且被趕到屋外。在朝鮮零下幾度的冬天早晨。我又冷又餓，還擔心若是此時被人瞧見，多麼丟臉。

為了避開耳目，我遂躲到廁所後方。那裡，一邊既是廁所的牆壁，一邊則是為新建屋舍而挖鑿的高台，從早到晚，陽光都照不進來，滿地堅硬又結凍的積雪，冷不防就讓人栽跟頭。偶爾，人家清理屋頂的積雪，雪夾雜著砂石，毫不留情打在我的臉上、腳上。

我試過站著，也試過蹲著。忍不住嗚咽哭泣。為了忘卻苦痛，也試著遙想幸福的生活。但，終究還是無濟於事。

祖母為了餵雞，經過時故意說：「做什麼？正好可以玩個痛快嗎……？」壞心的祖母，歪著嘴角，絲毫沒有要拯救我的意思，隨即走遠。我追上去，拉住祖母的衣角，不斷道歉。結果，祖母撥開我的手。啊，那時我的悲傷……

太陽西沉，直到大家用過晚餐，我才得到原諒。

傍晚的冷更是難熬，氣溫驟降，寒冷與疲憊，讓臉上的肌膚猶如木板僵硬，腳則像棒子僵直，甚至麻痺，捏了也毫無痛感。肚子餓到暈眩。即使被饒恕後回到屋內，意志放鬆了，反倒牙齒不停打顫，身體沉重到連筷子都拿不穩。

這些事，說不盡、數不完。更狠毒的是，故意把罪過算在我頭上，無論他們自己做了什麼卻堅稱都是我的過錯，讓我受同樣的體罰。然後，無論是非對錯，都得要我賠罪道歉，並發誓：「以後絕不再犯這樣的錯。」彷彿如此，才能保住他們的威嚴，或是我得以改過向善。

就這個深刻的體驗，我想說的是，面對孩子，就讓他們為自己的行為負責吧。自己的所作所為，不需要對他人發誓，否則是在剝奪孩子的責任感，讓孩子感覺卑劣。教導孩子，無論心靈，無論行為，無論內在，無論外在，任何人都不應該加以約束。自我這個主體，不應該交託給監護人。人們應該自覺，自我行為徹底歸屬於自己。唯有如此，人們才不至於欺騙任何人，不至於害怕任何人，以至於達到真正的堅強，進而衍生自律，具有責任感的行為。

祖母他們對孩子的教訓方式，反而讓我學會編造謊言。

我只是打破一個盤子，即能煩悶到消瘦。或是因髮量較多，經常梳斷髮梳，只要斷一根梳齒，也會擔心得食不下嚥。我不喜歡遮遮藏藏，但又恐懼坦承後遭受斥責或體罰，因此常錯失了懺悔的第一時間。日日憂煩著該是今天說呢？還是明天說？一日拖過一日。如此一來，我乾脆隱藏自己的過錯。拿紙包住打破的碗公，塞到箱子底下；或拿米飯黏住斷掉的梳齒，偷偷放回櫃子。

我的心中，總是幽暗又沉重，老是憂慮、害怕、焦慮不安。

之七

寫下自己的事之同時，勢必也追憶起關於男僕高的事，若不記錄下他的事，似乎過意不去。

高，不是個機靈的男人，相反的，他正直、率真，更難能可貴的是相當勤勉。不是那種會趁隙偷懶，或是故意搞錯，順手將主人家東西帶走的男人。

高的家中就夫妻兩人與三個孩子，最大的女兒由於長得好看，曾有個男人以三十公升的糙米跟他買，但祖母說待那個孩子長到十二、三歲可以賣到百日圓，可別現在賣，所以他只好含辛茹苦地養著孩子。

他的月薪，比起一般行情還少個二、三日圓，大約僅有九日圓吧。不過，不久祖母發現與其給付現金，以米給付反而更划算，所以編造些理由，將月薪中的二日圓折算為五公升的米，而且還是便宜、僅需二錢的米。總之是特別糟的米。

因此，高非常貧窮。一家人根本吃不飽，孩子在寒冬中只能穿著裝米的麻袋，顫抖著。需要工作賺錢的高，自己也僅有一套衣物，別無其他，還被祖母斥責，穿著破爛骯髒，有失她的體面。

某個寒冷的傍晚，高在門外對著屋內的祖母膽怯地說：「老夫人，不好意思，明天想跟您請假一天，因為有要處理的事情……」

祖母窩在暖爐桌，大聲怒罵：「你說什麼？要請假？接下來換你要偷懶了，是嗎？你要是敢這樣，我可饒不了你。」

「不是的，不是那樣的，實在是有事而不能過來。」

「哼，是什麼事啊。難道你有錢的親戚從京城過來了嗎？」

說完，姑姑與祖母相視竊笑，不停地揶揄。

「不，不是的……其實是……」高窘迫至極地回答：「因為要洗衣服……」

「洗衣服？洗衣服這種事，不是你，也有人可以去做啊，洗衣服的該是你老婆啊，你也未免太寵她了吧。」

啊，那些話語分明充滿促狹，卻裝得悲憐。儘管是個孩子，不，正因為是個孩子，基於純真的正義感，我憎恨著姑姑與祖母。

「也不是寵老婆。夫人啊，我已經沒有其他衣服了，洗了，得放到火上烘烤，再把棉花塞回去，然後縫回原狀，做這些時我只得全身赤裸，冷得躲在被窩裡啊。」高回答道。

祖母與姑姑兩人嘻嘻笑笑，也沒說要給他別的衣物，只是哀嘆，准許放假。

高，因為老實工作，才淪落得如此貧困。他原本想回去做他的線路工人，終究還能拿到十七、八日圓的薪資，但即使他想請假，祖母也不肯。但無論月薪十七日圓或十八日圓，明擺著愈待在祖母家愈糟，為此，祖母不得不列舉自己的各項功德。

「只要你在我家工作，房子也是免費借你住，真的有困難時，我還不是預支薪水給你，向我借錢可是平常利息的七成而已，還有那小雖小的一塊田，再說還借你灶啊鍋的，不是嗎！」

膽小的高，儘管明白當工人都好過在祖母家，依舊是說不出口，只能被綑綁在這痛苦裡。

之八

也是在我五年級的時候，有二、三十名新入學的孩子，其中一位長得很漂亮，安靜溫柔，散發一股說不出的孤單感，極聰明伶俐的女孩。不知何故，我非常喜歡那個女孩。那女孩彷彿與我心靈相通，不知不覺也常繞在我身旁，兩人在學校宛如姐妹般親密和睦。

那是我當時唯一的喜悅。家裡的人並不愛我，但這個女孩愛慕我。我在這個女孩身上也找到我所愛的。啊，如果那時的我沒有這份喜悅的話，恐怕毫無活下去的心了。

女孩名叫多美，住在離學校一、二百公尺處，家裡販售木屐或文具等。多美的父親在她小時候就死了，母親回娘家去，多美與妹妹兩人由祖父母扶養長大。姐妹並未受到祖父母的怨恨，而是非常疼愛。儘管如此，我仍同情被祖父母養育長大的多美，在意她時常流露孤單的神情。

岩下姐、岩下姐，多美總是這樣叫喚我。遇到不懂的漢字或算術時，必定拿來問我。我也盡可能教她。

多美體弱多病，經常因感冒或發燒無法上學。冬天，到學校，總是脖子圍著白色絹絲。

有時，放學途中，我會去探望沒來上學的多美。也許是那樣，多美的祖母也很疼愛我，經常送我點心以及學用品。

多美和我情感愈加深厚。隨著一年、二年過去，愈加親密，甚至我也疼愛著她的妹妹。

不過，我們玩耍親近的地方，主要還是在學校。因為我不能像其他孩子去朋友家玩，就連去到附近的原野，也不被允許。

鄰居的孩子們從學校回來，大抵立刻丟下書包，聚集在距離姑姑家不到一百公尺外的草原遊玩。我回到家，則必須做庭院掃除等家事。工作期間，不時聽到同伴們彼此的叫喚，無論猜拳、抱怨、生氣、哭泣、大笑的聲音，都聽得一清二楚。我從庭院圍牆的縫隙窺看，男孩或女孩胡鬧在一起，邊扯著對方的腰帶奔跑，無論抓人的或被抓的模樣，都是那麼的快樂，自由自在。眺望著此景的我，不禁對自己的境遇感到悲傷。「我們家啊，與那些下賤窮人的等級不同，可不能讓妳學那些孩子在外面撒野遊玩。」祖母經常這樣教訓我，基於「高尚」的教育方針，可憐的我被關在家中。在知道一切不過是為了把我當奴隸驅使的藉口後，更加覺得哀傷。

鄰居們知道我是如何被嚴厲對待，也知道我被差遣做了多麼粗重的工作。那些孩子們當然也知道，所以他們根本不會來約我出去玩。

偶爾他們人數不足，會在門外大喊：「岩下出來玩嗎？」或是：「市場那邊的阿明、小美都來玩了喔！」

我終究是個孩子，想去得不得了，但知道自己終究去不了，大抵沉默不回答，有時還慌張得趕緊躲藏起來，不敢喘大氣。祖母聽見那些呼喚，總是會生氣地跑出來說：「我們文子平常是不外出的，別來找她玩！」

孩子們一被斥責，便像被鬼追似的四處逃散，接下就輪到我被罵了。罵我故意叫朋友來邀約，是個懶惰沒用、劣根性的傢伙……

之九

放學不能出去玩倒也還好，又命令我下課後必須立刻回家，路上，就連逗留五分鐘或十分鐘也不行。儘管，下課時間並不固定，偶爾提早了，可以逗留個五或十分鐘，也還是害怕被發現，最後落得不可收拾。當然，學校也不允許自行提早五分鐘下課。

就在那樣的情況下，發生了一件令我非常難過的事。

過去以來跨越線路去到城鎮或學校的我們，自從那些自稱山手的人取代車站長，就把路給封了，為此我們必須繞遠路，否則無法抵達下町，於是，感覺不便的人便都移居到線路南側，最後北側僅有二、三戶類似姑姑家那樣的人家，以及一間破爛的理髮店，幾乎再無其他日本人了。麻煩的是上下學，變成我與理髮店的女兒——阿卷——結伴同行。

理髮店，距離姑姑家不到五十公尺下方的沿路上，店內，泥巴地狹窄又潮濕，還有一面水銀已斑駁的鏡子，加上一把壞了椅腳用麻繩勉強綁緊的木椅。

我與阿卷兩人一同到學校，再一起回家。祖母發現後，對我說：「小文，妳啊，妳不可以和那個家裡靠著摸髒頭賺錢維生的小孩一起上下學。」

當然，我必須遵守這個命令。因此，早晨故意拖慢洗碗擦碗的時間，直到來不及了，才從後門一個人溜出去上學。

去程還行，但回程無論如何也得一起回去。阿卷總是說我們一起回家吧，而我是被禁止與阿卷一起回家的。但是，怎麼也說不出「我不能跟妳這樣貧賤人家的孩子一起回家」，掛心祖母他們生氣，只得走得稍快或稍慢，或是幾乎互不說話地走回家。

那是某個夏天的事。阿卷與我在中午過後一起走出校門。走到半路，阿卷突然站住，對我說：「我，要去伯父家一下，有東西要去拿……妳，可以等我嗎，小文？我馬上就好……」

她伯父家就在我們駐足前方的五金店，似乎過著還不錯的生活，援助著小卷家的生活費。

終於找到分道揚鑣的機會！我感覺得救了，便遂鼓起勇氣說：「是喔？那不好意思，我還要回家幫忙，先回去了喔。」

但小卷是個黏人的女孩。

「等等啊！」阿卷拜託著，「我馬上好了，等我一下，真的馬上好了……」

我儘管不情願，終究還是站在圍牆邊等著阿卷。

阿卷歡喜地走了，但明明說好馬上出來，卻怎麼也不見人影。三分鐘、五分鐘、七分鐘，時間不斷過去。我愈來愈擔心，並且後悔極了，提心吊膽，也有些憤怒，決定丟下阿卷回家了，於是站在門外高喊著：「阿卷，我回去了喔！」

「弄遲了，不好意思啊！」阿卷抱歉地回答，「快點啊，別讓岩下同學等太久了。」她催促著她伯母。

阿卷的伯母趕緊出來對我說：「哎呀，都不知道給妳添麻煩了……這麼熱的天，快進來吧……熱到這個程度，是怎麼回事啊……」

那時，我聽到那樣溫柔的話語，簡直眼淚快掉下來。方才的生氣、擔心都煙消雲散了，忍不住走進屋裡，然後盡量坐在外面看不著的角落。但是，一坐定又開始擔心，不停焦急地望著屋外。

該說自己運氣太壞嗎，忽然，姑丈正好騎著腳踏車從門前經過。不，也不僅是我發現而已，姑丈也冷冷瞥了我一眼。

我哆嗦起來，彷彿斷了氣。因為太驚愕與恐懼，剎那間以為心臟也停止了跳動。

我終於回過神來，立刻起身說：「阿卷，我先回去了。」隨即立刻飛奔出去。

我抱著書包，拚命跑了近七、八百公尺，終於抵達家門口，卻害怕得根本不想進去，雙腿顫抖著……

姑姑一如往常在祖母的房間裁縫，我發抖地坐在屋簷下的走廊，稟告回家了。冷不防，姑姑突然衝過來一把將我推落到泥巴地上，不，是踢。而且還不罷休，光著腳飛奔下來，拿著木尺打遍我全身。

祖母也走下來了，說：「跟妳說了，妳還是聽不懂嗎？好吧，那就揍到妳懂為止！」接著也拿起腳下的木屐朝我猛打。

被痛毆的我，虛弱無力地根本起不了身，倒在地上，只是哭泣。除了哭泣，我實在找不到任何可以安慰自己的方法了。

然後，我被拖著關進庭院的穀倉，就像監獄般，從外面鎖上了。

夏天的暑熱，使得倉庫的米悶出難聞的氣味。原本激動且緊張的心，逐漸平穩放鬆下來，方才感覺到剛剛被打被踢的疼痛，且發現髮梳斷了，弄傷了頭。我還未吃午飯，飢餓難耐，卻無東西可吃，虛弱的我只好靠著米袋，拾起掉落在腳邊的米穀，費力地用指甲摳掉外皮，放進嘴裡咀嚼。想起方才，又嚎啕大哭。

最後，或許太累了，隨即昏睡了過去。

從倉庫被放出來已是翌日的傍晚，祖母的怒氣還未消。她不語地遞給我南瓜配菜的餐食，我就像野狗般狼吞虎嚥。

吃完後，姑丈來了，交給我一封信。

「把這個拿去學校……」

一看，是給老師的信。

「是……現在就去嗎？」

「是的，現在立刻就去。」

我洗把臉，換上衣服，隨即出門。

不知信裡寫些什麼，心想大概是拜託老師多教訓我吧。不過，我並不覺得自己做了什麼惡劣的事。修身的書裡寫著，要與朋友友善相處，也不得輕視比自己貧窮的人家。關於「友愛」，老師才在二、三天前提及，不是嗎。我還記得老師所說的，老師肯定不會訓斥我。覺得自己正要去見與自己站在一起的人，反倒是安心了。

老師看來剛用過晚飯，一身浴衣抱著小孩，眺望庭院的花。

「老師好！」

「啊，是文子同學啊，今天怎麼沒來上課，又被罵了嗎？」老師笑著迎接我。

由於那是常有的事，老師似乎也不覺得有什麼大不了。但也或許是同情吧，才刻意提起。被這麼一問後，我立刻淚眼汪汪，說不出話來。

我邊哭邊從懷裡拿出信，遞給老師。

老師默默收下，拆封，讀完後又再度把信摺好收入信封裡。

「我不知道妳做了什麼壞事，妳父親寫著，小文因犯下不當之事，要讓妳退學。」

聽到此話，我眼前一片昏暗，都快站不住了。

老師繼續說：「不過，別擔心，當然不會真的讓妳退學，應該是這段時間，暫且休息不用來學校吧。我會跟他們多溝通，小文家人的個性，總要把結局導向悲觀，實在很令人困擾啊。現在暫且就聽他們的話，乖乖忍耐著。除此之外，也沒有其他辦法了……」

我已經不能告訴老師任何事了。失去了停靠的島嶼，彷彿遭背叛，更是哀傷。我默默與老師道別，轉進教室，放聲大哭。回應我的，只有自己響徹空蕩教室裡的哭聲。我清楚感受到孤獨。

從老師的話語裡，可以聽出他似乎與姑丈已經在白天談論了我的事。我也清楚體悟，把我踢落至孤獨的老師，原來那麼膽小、不誠實，老師的那些說教，又是如何的虛偽。

之十

誠如老師所言，九月的新學期，我又被准許上學了。不過，上學期成績單上，我的操行分數是前所未有的「乙」。

但終於又能去學校了，僅僅這件事就足以令我恢復生氣。最開心的，還有可以見到可愛的多美。

多美已經三年級了，她的妹妹小愛也上學了，我則是高等一年級。只要看到她們兩人，只要照顧、關心她們兩人，我的心便能得到撫慰。我多麼想念多美與小愛啊。

但是，之後與多美開心在一起的時光實在很短暫。

開學後不久，多美又因感冒請假，二、三日後，也無法回到學校。因此，我頻頻趁學校午休去探望她。多美對於我的造訪顯得非常歡喜，雖然病情依舊，被醫生診斷為肺炎，可是只要我出現，她就變得有精神，努力說些話。為此，我反而擔心是否有礙她的病情，有段時間不敢去探望。之後，據小愛說，多美的情況愈來愈糟，已惡化為腦膜炎了。

再次見到的多美，已不復往昔了。她蒼白的臉龐也失去之前見到我時的微笑，感覺不到她那僅有的喜悅。

多美仰躺著，只是睜著一雙大眼。醫生試著以反光鏡的光投射在她瞳孔上，但連眨眼的反應也沒有了。

醫師已無能為力，多美的祖父與祖母喪氣地坐在一旁，僅是沉默。我哭了。

多美死了，我們永遠見不到面了，我非常哀傷。

過了兩天，同學們送多美到火葬場。翌日，由學校選出二、三位友人代表，一同去為多美撿骨。

多美與我，偶然相識，僅做了不到三年的朋友。一如前述，我們之間恐怕有什麼特別因緣，才會親密起來。也許對照自己的境遇，才特別同情父死母離的多美吧，再者，在我的心中，也的確把多美當作自己的妹妹了。

因此，多美不在了，我不僅寂寞而已，也彷彿什麼重要的東西被硬生生奪走了。無論在學校、在家裡，只要想起多美，我就會因難以承受的孤寂而落淚。

那樣的日子，過了差不多一個月。

同學們愉快地在操場玩耍，我不想加入其中，倚著角落的白楊樹，茫然地思索著。結果，小愛跑了過來。

「岩下姐，妳在這裡做什麼？」小愛牽著我的手說道，「大家都在找妳喔，去那邊玩吧，妳在想什麼啊？」

我不禁兩手環抱小愛，說：「我在想妳姐姐。」

原本天真無邪的小愛頓時流露哀傷的神情，然後像想起什麼似的說：「岩下姐，妳可以看看那天我拿去的東西啊。」

「那天拿去的東西？拿去哪裡？」

「哎呀，妳還不知道嗎？」小愛猶如小大人的口吻，「我姐姐那時買的那個裁縫盒啊。把它當作姐姐的遺物，我奶奶要我拿去給妳，我拿去了啊！」

多美的裁縫盒！我記得啊，黑漆器繪上金色花卉圖案，華麗的新裁縫盒。把那個送給我了，啊，好高興，我一定讓它片刻不離身。但我不記得家裡有誰轉交給我了。

傷心的我只得回答：「那個啊，我看到了啊……謝謝……！」

若真拿到了，該有多歡喜呢。可是毫不知情的我，盡了全力也只能說出如此這般的感謝罷了。我真的覺得非常抱歉，為了隱藏心情，只得說：「走吧，去跟大家一起玩吧！」這回換我牽起小愛的手，跑了出去。

之十一

我想要那個裁縫盒，就像想見到多美。那天回家後，我立刻偷偷找尋壁櫥內或櫃子的抽屜，但是，毫無蹤影。

裁縫盒到哪去了？不可能平白無故不見了，儘管日日趁著整理或打掃壁櫥或房間找，仍是找不著。

壞心的祖母啊，肯定故意藏在某個我找不到的地方。

幾個月後，某日傍晚，打掃祖母的房間時，在櫃子與牆壁的縫隙裡發現像是紙片的東西。基於好奇，我拚命把它取了出來。一封布滿灰塵的信。

那是小孩的筆跡，寄信人叫貞子。

貞子，祖母哥哥的女兒，曾被帶來這個家，後來因為祖母與哥哥的感情破裂，才又被帶回去。我則是替代了貞子。

我把信放入懷中，帶回了自己房間。

我已不記得全文，卻忘不掉內容。

也因為那封信，我才知道他們決定捨棄我，把貞子當作岩下家的繼承人。我也知道了，岩下家贈送貞子許多東西。就連在老家給我穿的平織絹和服、腰帶、腰帶……以及我遍尋不著的多美遺物——裁縫盒，全送給了貞子。我也知道了，我的待遇之悲慘不下於女傭，相反的，他們卻資助貞子去學日本舞蹈、裁縫、花道等的各種才藝。我看見了，信的最後寫著「致母親大人」。

我實在不該淨說些小家子氣的話，也不該埋怨連送到我眼前的東西都轉送給貞子等等。但，把多美的遺物送給貞子這件事，令我感到無比憤怒，並且悲傷。

之十二

服部老師來到這個學校已經三年了。

年輕、帥氣又喜歡運動的這位老師，在廣闊的校園不斷搭設遊動圓木、旋轉塔等運動設施，頗得學生們歡心。又說不能只是運動，要我們開始農作實習。

首先，老師借了學校後方的某塊土地，當作學生們的農場。

然後四、五人一組，分派農地。一開始，先栽種的是不太費勁的馬鈴薯。同學們都興高采烈，拿著鋤頭在自己的土地上挖開泥土，再照老師的教導除草。老師也拿起鋤頭，一邊教大家如何使用，同時也耕作自己的農地。學生們仿效老師，各自準備栽種馬鈴薯。

馬鈴薯的種子不知從何處送來了。先在耕耘過的農地上施放化學肥料，接著就是埋下種子。

「來，聽好喔！」老師大聲且爽朗地說道，「過了十天後，就會長出芽，不可思議吧！從這樣泥濘的土塊裡冒出芽喔，然後養育出果實，再變成食物進到人類的嘴裡，化為滋養。這是農民耕作中最簡單的一種，儘管如此，若放任不顧還是無法結果，必須給予充分的照料。那辛苦是無法說盡的。因此，大家啊，可不要小看農民啊。農民，可是日本國民的父母親啊。不，不只是日本，在任何國家都是。」

大家面露嚴肅的神情，比起在教室，更顯十倍以上的興趣與注意。

吸收了溫暖的陽光，馬鈴薯的種子開始長出小小的芽，同學們紛紛雀躍在自己耕耘的喜悅中。芽愈長愈高了。大家只要有空就跑去觀看，有時拿自己農地上的芽苗與其他人比較，相互吹噓。或拿出量尺丈量芽苗的高度，有時也為了讓芽苗看起來更高壯，忍不住揠苗助長。

就課表來說，農業時間一週僅有一次，但顯然不夠，甚至挪用調度了其他課程時間。

老師穿著白襯衫，女同學挽起衣襬赤著腳，男同學人人一件褲子，大家除草、耕耘、施肥。汗濕淋淋，臉上、手上、腿上都是泥巴，但是誰也沒有抱怨。

「聽著！」老師不時大聲對大家說話，「人要相互友愛，不，不只是人，對任何事物都要有愛。不過，幾乎所有的愛都是要靠自己費心培育。就像大家，不也是這麼愛著這個馬鈴薯……」

有時，也說：「只是區區一個馬鈴薯，就讓人費心勞力了啊。我們去到蔬果店買馬鈴薯來吃，可千萬別什麼都不多想，隨意說些好吃或不好吃的話，因為光是栽種，農民可不知道流了多少血汗。」

最後，老師總還會加上一句，「所以，不可輕視農民。農民是餵養生命的父母親。」

不下雨的日子，土壤過於乾涸，讓好不容易長出的芽苗快要枯萎。為此，大家又競相早起出門，去水井打水澆灌。有些人甚至下課的傍晚時分再次澆水。同學們是如此認真且將希望寄託在馬鈴薯上。當然，我也是其中一員。

然而，有一天，從學校回到家，立刻被喚到姑姑與祖母面前。

「小文，聽說最近學校讓你們學農民耕作，是真的嗎？」姑姑先問我。

以為自己又做了什麼惹她們生氣了，我膽怯地回答「是」。

姑姑並未見怒氣，只是喃喃說道：「這麼熱的天，還要女孩子學農民去稻田裡，真是令人受不了啊。最要緊的是衣服被曬壞了，可就沒轍了」然後命令我，「現在種都種了，也沒辦法了，下回可不要參加了……」

下回不准參加固然令人難受，但並沒有要我立刻收手，倒是令人開心。

不過，祖母可不像姑姑，祖母說：「不是從下回開始，而是現在立刻不准參加。我們家啊，每個月繳學費可不是讓妳去學農民，況且也不用靠妳去做農民養家，又不愁吃穿……」

我只能靜靜聽著，祖母繼續說道，「小文，明天開始不准再學農民做什麼了。除了正課時間，凡是農民課程的日子都在家，不准去學校，知道嗎！」

我肯定是面露憎恨，祖母見狀更加生氣，開始連帶斥責其他的事，說：「而且，妳經常把木屐帶子穿壞，肯定是玩盪鞦韆，搖啊搖就跳下來，或是跟男生一起跑來跑去吧。只會淨學窮人家孩子，女孩子要有女孩子的樣，而且是高尚女孩子。所以，明天開始，那些都不准了。就連邊鞦韆或捉鬼的遊戲都不行。妳別以為妳在學校，我就什麼都不知道了，我會爬到我們家山上，好好監視妳……」

啊，終於剝奪了我所有的自由，甚至也剝奪了我這個個體。

十二、三歲還充滿玩心的我啊，那個我，基於怕衣服曬壞或木屐帶子斷掉的理由，除了規定的運動之外，竟被要求不得從事任何遊戲。比起其他人更活潑的我來說，無疑像被綑綁住手腳，苦不堪言。以至於長大的我行走在路上，一見到母親飛奔跑來制止在路邊玩泥巴的孩子，斥責他們弄髒衣服，無法阻止時，甚至強行拉走時，總忍不住想大聲喊叫。

——為何要這樣強人所難啊，究竟對妳來說，最重要的是孩子？還是衣服呢？小孩不是為了衣服而存在，是為了孩子才有衣服。如果不能弄髒，為何不讓他穿耐髒耐洗的衣物呢？

——大人為了自己的虛榮或偷懶而犧牲孩子。大人，尤其是母親，責任在於讓孩子免於危險，進而發展孩子的天分。但剝奪孩子的自由、剝奪孩子的人格，則是駭人的罪。請讓孩子自由地玩吧，得以遨遊自由的天地，也是大自然給予孩子唯一的特權。唯有如此，孩子才能長成像個人的人。

我絕不認為自己的這些想法是錯誤的。

之十三

遵從祖母他們的命令以來，四、五日了吧。

不知是什麼課程之後，服部老師像是想起什麼似的，站上講台一邊環顧同學一邊說道，「如何呢？大家來說說吧，關於學校開始學習農業的事，家裡的人有說些什麼嗎？……像是，很好的開始啊，或是惹麻煩之類的……？」

同學們陷入沉默。

老師點名那個名叫細田的男生。

「細田家裡的人覺得如何呢？哥哥有說些什麼嗎？」

與罹患肺病的哥哥相依為命的細田回答：「哥哥說，可以讓身體變得健康，很為我高興。」

老師露出欣慰的表情，再度環顧教室。

「我爸也是這麼說。」

「我爸爸也是。」

同學們小聲地相互私語，卻無人敢大聲回答。老師彷彿又準備點名了。我擔心會點到我，於是盡可能的低著頭。沒想到，老師竟故意點名要我回答。

「岩下的家人呢？祖母肯定說些什麼了吧……應該不至於什麼都沒說吧？……」

老師明明知道，卻故意問我。況且，老師就算不知道，也清楚明白祖母他們的意向。自己不該跟老師說謊，但是啊但是，若說出真話……

有別於以往，我的回答變得曖昧。

「嗯，那個……奶奶說，做農業、農民的事，衣服會曬壞……」

結果老師露出不屑的神情，一邊苦笑一邊忿忿地說：「哼，原來如此啊，畢竟是穿著女王陛下那樣華麗的衣服啊……」

老師說完，用力抓起課本，隨即粗暴拉開門，走出教室。

大家端詳著我的衣服，我不禁脹紅了臉，這才驚覺自己的衣物如此粗劣。白底藍色格紋的浴衣，早已穿得變形，到處都是縫補的痕跡。

我懷恨老師，為何要在大家面前讓我丟臉呢？明明說要對自己培育的事物賦予愛的，不就是老師嗎？那又為什麼……為什麼……

我回到家。

在學校的鬱悶始終無法散去，也擔心我的回答是否惹怒了祖母他們。愈擔心就愈難以抱持沉默，遂誠實說起在學校發生的事。

祖母他們沒有生氣，反而一臉得意。祖母看著姑姑，說道，「哎呀哎呀，我真是敗給這個笨蛋了。從別人說的話中，竟然無法分辨哪些是好的，可以說；哪些不好的，不可以說。妳啊，從今而後，別在這個孩子面前不小心說真心話了，她什麼都去跟外人說了……」

一直以來，祖母他們始終企圖讓我相信，他們的所言所行絕對無誤，甚至可以說，根本強迫我相信。然而，如今我才明白，祖母他們終究會在他人面前輕易說出或做出不負責的話語或行為。

我不再輕易相信他們說的話了，也不再照單全收他們的意見。當時尚不懂人情世故的我，心中那樣的決定。

之十四

我的一切都遭剝奪了，無論是學校或家庭，對現在的我來說，是地獄也不為過。不過，我自幼是那種愈被打壓愈企圖展現不受打擊的剛烈孩子。那樣的時候，我還是擁有另一個愉悅的世界。那就是離開人群，獨自一人。是的，如此而已。

回顧那些苦難，我也必須憶及那時唯一愉悅的經驗。

台山，姑姑家擁有的山。那是姑丈以前任職於鐵道時買下的山，種滿了栗子樹，為姑姑家帶來莫大的收益。儘管樹與樹之間，長著又長又細的芒草，每年入秋，得雇用工人割草。

秋季，栗子成熟、掉落，家裡必出動去撿拾栗子。那樣的工作，大抵落在身體孱弱的姑丈身上，可是有時他連上山都有問題，於是，我便積極主動接下工作。為什麼呢？因為這樣我才能找回自由的自己。

一切都被剝奪的那年秋天，姑丈又無法成行。我懇求祖母，讓我不去學校，去撿栗子。

進入山裡，先得穿上足襪纏上綁腿布，然後把草鞋綁在腳上。因為山裡有毒蛇，會咬人……當然也要準備鐮刀、木棒、裝栗子的袋子等。然後，我滿懷雀躍出門了。

孩子們都去學校了，不過，我卻不哀傷，畢竟一個人獨自上山是多麼快樂的事。

樹枝上的栗子果實，眼看就要彈出毬果掉落下來。我拿起前端開叉的木棒折斷摘下，然後放在草鞋底下磨揉，就能採出栗子。若是還包裹在毬果裡的，則以鐮刀刀背敲開。摘完懸掛在樹上的果實後，接著就是撿拾掉落在地上的。我從這棵樹移到另一棵。

栗子有時出現在片草也無的空地，有時卻必須深入草叢才能找到。驚動了草叢裡的雉雞亂飛或兔子亂跳，我也嚇得停住腳步，但隨即對那些動物懷抱親情，出聲喃喃的說：「做什麼啊，為什麼這樣嚇我，別逃走啊，我們不是朋友嗎？」無論雉雞或兔子，當然什麼都不回答，四處逃竄。不過，我也不覺得可悲，反而想發笑：「你這個可笑的傢伙！」然後把草叢裡的栗子留給牠們，轉往他處尋找。

袋子愈來愈重，腿也疲憊了。索性把帶來的東西全部丟下，一口氣跑到山頂上，在那裡休息。

山頂，黃色的敗醬草花、紫色的桔梗啊蘆葦啊，到處盛開。老師曾指著這裡說：「那不是山，是山丘！」的確這兒不是高山，但位置極佳，一眼盡覽芙江。

西北方，隔著旱田或水田，羅列著停車場或旅館或其他建築物。是街道的種種造就了整個村落，其中最醒目的就是憲兵隊的建築物，穿著卡其制服的憲兵將朝鮮人拖到庭院，拉開他們的衣物，以鞭子抽打他們赤裸的臀部。一下，兩下，甚至聽得到憲兵激昂的聲音，也聽到朝鮮人被打的哭泣聲。

那場景讓人不太舒服。我又繞到後面，望向南方。秀麗的芙蓉峰聳立在遠方，纏繞在山腳下的是由東往西、映著秋陽發出銀色光芒的白川，猶如白絹緩緩漂流而去。負載著行囊的驢馬正慢步穿過那砂原；山腳下的樹林間，朝鮮人村落低矮的茅草屋頂隱隱可見。靜謐的村落在雲霧之間，猶如畫一般的景色。

眺望，讓我才終於感覺自己是真的被生了下來，活了下來。心情平靜地躺在草地上，望著天空，深深的天空。我想知道那盡頭在哪裡，閉上眼睛，思索著。涼風吹來，吹得草發出嗦嗦的聲音。睜開眼睛，蜻蜓從鼻尖飛過，耳畔還有鈴蟲或金蟋的鳴叫。

應該是學校的午休時間，傳來同學們的吵鬧聲。我起身，眼下即能望見校園。同學們正在踢足球，不時聽見球落地又彈起的聲音。大家搶奪著掉落的球，看來非常開心。以前的我，在學校總是落寞地在旁觀看，如今，無悲也無喜，只有融入其中的自己。

不知為何從下腹湧起了一股力量，我忍不住大喊，當然也無人回應。山上，只有我一個人。

鈴聲響起，同學們又回去教室。我從山頂下來，走進栗子樹林。心情變得開朗的我，不知不覺唱起在學校學到的歌曲。此刻沒有人會責罵我，我像小鳥一樣自由。不斷唱啊，唱啊，唱到聲音沙啞為止。有時也即興唱我自己編的歌，讓屢屢遭到壓抑的情緒噴洩而出，得以撫慰。

口渴了，就到休憩小木屋旁的梨田採梨，不削皮，連皮咬下。然後躺在地上打滾，望著樹梢間的雲朵。我貪婪地吸吮，濃烈的青草氣息或野菇的芳香。

啊，這大自然！我由衷感謝山，同時也憶起眼下的生活，忍不住想哭。然後，就盡情地大哭。無論如何，若無在山林裡的一天，也就無找回自己的一天。僅有那一天，是我得到解放的日子。

之十五

正逢酷暑。

在江景開設醫院的福原的妻子來造訪祖母。那女人名叫操，是祖母的姪女。操從未來過這裡，就連通信聯絡也幾乎沒有吧。不過，操不似我這樣貧賤，打從祖母，岩下家上上下下無不熱烈歡迎這位稀客。

操，是二十四、五歲的美女，帶著一個還嗷嗷待哺的孩子。她穿著薄織絹和服，衣服上華麗的秋草圖案從胸口延展到衣襬，還繫上絢爛耀眼鑲有金紙或銀紙的腰帶。明明這般酷熱，還披著錦紗絹的半外套。脖子上戴著金鎖，手指上套著金戒指，儘管完全不搭，卻一眼看出就是貴婦。

大家彼此一一問候後，祖母立刻發現操的衣物沾染了汗水。

「哎呀，小操，汗都從腰帶、和服滲出來了啊，快脫掉，更衣吧。」

祖母如此說道，操也回答：「好啊，換上吧！」

她脫掉方才穿來的衣服。祖母則拿著它們，一件件小心翼翼地攤開曬太陽。而且故意放在附近貧窮太太們打水的水井那頭可以望見的地方……

操與祖母他們說起夫家富裕的狀況，「哇啊，真是太好了，妳真是幸福啊，可要好好珍惜照顧自己的丈夫啊！」祖母他們紛紛獻上祝福，也給予貼心的忠告。同時也不忘誇耀自己家中的生活或在芙江的地位。當然，可不是一天或兩天能說盡的。期間，祖母他們也帶著操去到庭園散步，或是讓她見識他們的所有地。

肯定也提到我的事。操斜眼看我，就連話都懶得跟我說。我並不討厭操，不過也不覺得她是好人。

在距離芙江約四十公里外的地方，住著操的朋友，但她猶豫著是否該去拜訪對方。

「妳就去吧，畢竟搭車就可以到了……」祖母在旁慫恿著。

「但是，還有這個孩子，實在麻煩……」操又在猶豫了。

這分明是要我跟著去，幫忙看孩子。祖母察覺了，對操說：「這樣好了，就讓小文背孩子跟著去……」

我覺得麻煩透了，這樣的夏天，還要背著不怎麼喜歡的嬰孩，而且跟在這個驕傲得猶如皇后的女人屁股後面！

「是的，如果能這樣，真是太好了……不過，小文願意嗎……？」操婉轉地尋求我的同意。

我不知如何是好，也沒有明確回答。若是平時，祖母肯定發病似的怒罵，但不知為何反而討好我起來，「妳就跟著去吧，小文！」不同於平常的命令，而是建議。待操離席之際，祖母立刻小聲且溫柔地對我說：「怎麼了，不想就說不想啊，妳不想做的事也不能勉強妳。」

渴望溫柔話語的我，心裡忽然一陣柔軟，甚至想撲倒在祖母懷裡哭泣。我像跟母親撒嬌似地回答：「如果真的可以不去的話，那我不想去。」

「妳說什麼？」祖母突然爆炸，捉住我的衣襟用力搖晃。嚇得我跌落在前廊的地上，仰望著祖母如同往常不停咒罵我的景象。

「妳說什麼！妳不想去！對妳稍微溫柔，妳就爬到頭頂了啊。就算不想去，也不能不去，理當要去的。明明以前還照顧過農民流著鼻涕的髒小孩。既然不想去，也不強迫妳了。就算妳不去，我們還是有辦法的，留妳還有什麼用，給我滾出去，快滾出去，現在就給我出去！」

祖母不知何時已穿上木屐，來到我身旁，又踏又踢。

我倒在地上，僅是茫然。祖母接著又跑去廚房，抓了一個男僕用的缺角木碗塞到我懷裡，抓起我的衣領與頭髮，拖行到後門，本以為要把我推出門外，不料又急忙關上門，自顧自地走往庭園方向。

我徹底疲累，身體痛得無法挪動。我也不想起身，儘管趴在地上，無力地哭泣。但是，一直哭也不是辦法。沒人經過，家裡也沒人來叫我。現在的我，唯一可以依靠的就是祖母丟在我懷裡的破木碗，但我又能拿它做什麼呢？

「是啊，現在除了回去道歉，沒有其他辦法了。」我鼓起勇氣，起身，蹣跚地沿著圍牆走到大門，再進到屋內。

我以帶子綁住衣袖，開始仔細擦拭方才弄髒的走廊。祖母見狀，喚來高，要他把我剛擦過的地方重新擦拭。我只得開始洗碗，結果祖母走了過來，撞開我，自己接手洗了。我又去清掃庭園，祖母不發一語地搶走掃帚。

如絕望的野狗，我只得拖著腳步回到自己的巢穴——房間，蜷縮躺著，像個無靈魂的人偶，僅是盯著牆上的舊報紙流淚。

如此漫長的苦澀，終於來到傍晚時分。

祖母在與我房間隔著庭園的主屋屋簷下，開始油炸天婦羅。油炸香，更引來我的飢餓。

這才想起，從早到現在，我都還未用餐。

高的小孩正好拿著竹簍來還。

「喂，來得剛好啊，好孩子，好孩子！」

祖母邊說邊給那個孩子二、三個天婦羅，讓他拿在手裡，然後望向我這邊，竊笑著。

我只得偷偷離家出走。但也沒地方可去，一逕朝著朝鮮人共用的水井走去，然後莫名地望著井裡。此時，一位見過面的朝鮮大嬸拿著裝青菜的甕過來清洗，一看到我即親切地問：「又被妳奶奶罵了嗎？」

我點點頭。

「好可憐啊！」大嬸瞧我哀傷的模樣，同情地說：「要來我家玩嗎？我女兒也在家喔。」

我好想哭啊，不是悲傷，而是被慈悲觸動的感激……

「謝謝，那我去看看好了！」我虛弱地跟在大嬸身後去了。

大嬸的家，就在姑姑家後方的崖上，可以清楚看見姑姑家，不免也讓我擔心，會不會被姑姑他們發現。

「不好意思啊，妳吃過午飯了嗎？」

「沒有，從早到現在……」

「啊，從早到現在……」大嬸女兒驚訝得大叫。

「哎呀，太可憐了！」大嬸又重複那句話，「不嫌棄麥飯的話，要吃嗎？還有很多呢……」

方才壓抑的情緒已滿溢心中，我忍不住哭了出來。

在朝鮮漫漫的七年，從未像此時感受到愛。

連胃都要伸出手要飯吃了，但我還是懼怕祖母他們。去到朝鮮人家裡吃飯的乞丐，不配在我家——祖母肯定會如此怒罵。我婉拒了，空著肚子離開了朝鮮人的家。可是，也不想回去，漫無目的地徘徊在草原上。

毫無辦法，我只得回家。太陽已落下，家裡點了燈火，大家在客廳邊吃飯邊大聲說話。

一如往常，我的手扶著客廳外的走廊，對自己的疏忽道歉。

沒有回應。

我再度、三度地反覆道歉，可是，沒有人願意聽我的懇求。

「吵死了，給我安靜！」祖母終於咒罵了，「白天玩夠了，等到天黑，沒地方可去才要回來。假裝誠心地邊哭邊道歉，就是妳最拿手的把戲。怎樣？有哪戶人家願意給妳平白吃頓飯？我們家也是，我們可不是平白為妳在碗裡盛飯的……」

我正準備也向姑姑求情時，沒想到姑姑也跟著祖母一起罵。即使操也在一旁，但誰也不願意幫我說句話。

大家用完餐。姑姑與祖母急著收拾，然後，大家一如往常拿著板凳到庭園乘涼。

家裡獨留我一人，我想趁此際吃些什麼，卻找不到食物。我想起，祖母的房間正後方，那個屋梁下方，總是以四方形的鐵絲網罩住食物，以防蒼蠅沾染。但一看，什麼也沒有。我又悄悄打開廚房角落的櫥櫃，連往常放的砂糖壺也不見了。

我只得回到自己的房間，鋪上棉被，吊上蚊帳，最後連換上衣服的氣力都無，就那樣躺著。

庭園裡，傳來鄰近的聲音，大家開心地說話或發笑，聲音揮之不去，更令我難眠。

我恨祖母他們，但也試著思索自己到底真做了什麼壞事？我希望知道何謂真正的壞事，可是，不得其解。直到凌晨過後，才終於睡去。

翌日醒來時，太陽已高掛。高依舊忙碌地在庭園打掃，祖母在廚房準備早餐，姑姑正在做我平日的工作，打掃房間與拍打灰塵。

「道歉就趁現在吧！現在出去，無論怎麼被罵，只要努力工作，他們應該會原諒我吧。錯過這個機會，就來不及了吧！」

可是，我的身心疲憊不堪，幾回想起身卻還是無力倒下。

畢竟，肚子空空的，空到不知道它已經空了，導致身軀沉重不堪，連抬起腿都是費勁的事……

家裡的人似乎已用完餐，操與姑丈外出，祖母與姑姑也去庭園的菜田了吧。家裡悄然無聲。

我還是讓道歉的機會流逝了。

「啊，已經沒有辦法了！」我忍不住嘆息，一切都束手無策了，只能任由命運擺布。

突然有些鬆了口氣。沉重的身體翻了個身，踢開原本蓋住的棉被，眼睛則盯著天花板，不知哪裡是夢也不知哪裡是現實，就那麼過了好幾個小時。

直到被碗碰撞的聲音吵醒，現在，莫非中午了。

「趁著這個時候吧！」我決心起床。但頭暈眼花，只得慢慢走到用餐處，然後立刻跪地磕頭，真心道歉的說：「我錯了，我以後絕對不任性說話了……」

不，也不是真心。我就像個要被斬首的罪人，以僅有的力量乞求活命。那樣的真心。

啊，終於還是徒然。人說誠能感動天，但祖母與姑姑終究不是天。

「今天的魚看來好新鮮啊。」祖母如無旁人地對著姑姑說話……彷彿我說的話根本傳不到她的耳裡……

「既然知道自己做了壞事，為何今早還不早起做事？妳當真覺得自己錯了嗎？只要妳的個性不改，休想我和祖母會原諒妳……」姑姑怒視著我。

事已至此，又被這般堅決地推開，更是痛苦得宛若死去。我默默回到自己的房間，趴在地上哭泣，但已無眼淚了。我背靠著窗邊，凝視著自己那雙無力攤開的腿。

像被抽空的心，湧出了「死」的念頭。

「對啊，乾脆去死吧……也許更輕鬆吧！」

瞬間，我好像得到拯救，不，是徹底得到拯救了。

我的身心高漲著氣力，原本委靡的手腳變得有力量，不知不覺起身，甚至忘了自己餓著肚子。

十二點半的急行列車還未通過，就是那個，就那麼做吧，眼睛一閉跳下去。

然而，這副模樣離開人世未免太窮酸了。我竟然還在意著那些。於是趕緊換上腰帶，從角落的箱子裡翻出帶有袖襬的和服與薄紗的窄腰帶，摺疊後放進包巾。不快點，恐怕來不及了。我把包巾藏在腋下，由後門出去，拚命地跑。恍若放下一切，帶著爽快的心情邁向死亡的救贖……

來到車站附近東側的平交道，警示尚未降下，太好了，列車還未到吧。

從姑姑家所在的高台，無法看見這裡，我躲在平交道旁的土牆陰暗處更衣。原本的衣物則塞入包巾，放在草叢裡。

然後蹲下來，等待列車。可是，列車始終未出現。好不容易才知道，列車已經過了。

知道實情了，接著開始擔心被人盯上，甚至遭到逮捕。

「該怎麼辦……該如何是好啊……」

如水平靜的頭腦突然快速運作，我立刻想到另一途徑。

「去白川！白川！去到那個深不知底的蒼茫河底……」

我跨過平交道直驅而去，穿過土牆或樹林或高粱田，沿著小巷趕了一千四、五百公尺的路程，朝向白川深淵所在的舊市場方向，拚命地跑。

幸好，深淵處並無他人，我鬆了口氣，倒臥在砂礫上。儘管滿地焦熱，我竟渾然不知。

待心臟的鼓動平息後，我趕緊起身，接著將砂礫裝入衣袖裡。袖子變得沉重，稍微擺動，就要跌倒。我又把紅薄紗的腰帶解開，平攤在地，放進石頭，再纏在身上。

準備好了，我抓著岸邊的柳樹，往深淵裡望。水面黝黑得猶如油般沉穩無波，一絲漣漪也沒有。感覺傳說中河底的龍正在等著我殞落而下。

我害怕了起來，兩腿不住地微微顫抖。突然，頭上傳來油蟬的鳴叫聲。

我又再度環顧四周，這才發現是多麼美的自然景色。我豎耳傾聽，一切竟是那麼平和的寧靜。

「啊，再見了！山啊，樹啊，石頭啊，花啊，動物啊，還有蟬聲，一切的一切……」

思索的瞬間，突然感到悲傷。

儘管可以擺脫祖母或姑姑的無情與冷酷，可是，這世間還有無數值得愛的事物啊，無數美麗的事物。我居住的這個世界，不是僅有祖母與姑姑的家而已，這個世界是廣闊的。

母親、父親、妹妹、弟弟、家鄉的友人，展開過去經歷的一切，又是多麼令人懷念。

我不想死了，依著柳樹，靜靜思考。如果我在這裡死了，祖母他們會如何說我呢？母親或世間的人們又會以為我為何而死呢？就算他們胡說八道，我連一句「不是那樣的」都無法辯駁了。

我不禁開始思索不能死的理由。是的，我必須與那些和我同樣受苦的人們，一同向折磨他們的人討回公道，我不能死。

我又回到河岸的砂礫上，將衣袖與腰帶裡的石子一一扔掉。

之十六

年輕又哀傷的少女決心去死，終究沒能死掉。原本是嫩枝嫩葉茁壯的年紀，卻把求死當作救贖，多麼駭人的違反自然啊！討回公道成為活下去的唯一希望，同樣難以言喻的駭人，又悲哀啊！

我一腳踏入死亡國度的門檻，又急急退回。轉瞬間，又回到這個世間的地獄，也就是我姑姑的家。然而重回這個世間的我，彷彿眼前閃耀著一盞希望的光——憂鬱的黑暗之光，從今而後，也擁有了再痛苦都忍得過去的力量。

我已不是小孩了，是內心長滿刺的小惡魔。知識欲，突然在我心中茁壯，而且是一切的知識。世間的人們是如何活著？這個世界正在發生著哪些事？也不僅是人類這個世界，還有昆蟲或野獸的世界、草木的世界、星月的世界，整個廣大的宇宙，絕非學校教科書教導的那些單薄膚淺的知識。

在學校被禁止運動或遊戲，在家裡又被剝奪了所有的自由，然而我內在活出的生命，卻不因此萎縮而孱弱。生命的意志！促使我必須找到自己的出口。

剛好是那個時候。

某日，照例我倚著校園的圍牆，一邊望著同學們愉快地嬉戲，百無聊賴時，一個朋友拿著舊雜誌走了過來。

「那是什麼！」我問朋友。

「是《少年世界》。」朋友回答。

「有趣嗎？」

「嗯，有趣。」

我非常想看。

「那個……可以借我看一下嗎？」

「好啊。」

我從第一頁開始讀起。我貪婪地閱讀著。無論什麼，皆覺得有趣，即使上課時，也無法忘懷那本書。放學了，我還坐在教室裡讀著。回家途中，甚至邊走邊讀。回到家，也趁隙躲起來讀。

被祖母發現，當然又遭到斥責。但是，我就是無法丟下書本。之後，一本接著一本，從不同朋友那裡借來各種雜誌或書本。

最苦惱的是畢業後，我必須一直待在家裡，無法向誰借書。不得開始思索有無其他閱讀的方法。正好，鄰居家女孩拿來了每月訂購的《婦女界》，我便向她借，而且跟她說，只要是過期的，都可以。於是，那女孩拿來近一年份的雜誌，當著祖母他們的面遞給我。

我開心得不得了，但見到祖母他們的神色，又覺得不安。女孩面前，祖母他們不好意思，只能答謝，眼看著我收下雜誌。在默許下，我終於可以公然閱讀，但讀了一、二本，祖母又說話了。

「好像讓小文讀書，她就只專注在書上了，不管家裡的工作，推給我們去做，這可不得了啊，再不吭聲，恐怕會助長她的惡習。我看，之後還是不准讀書了……」

姑姑也表示贊同。

「不行啊！」我快哭出來，撒嬌地拜託：「我發誓白天不讀了，只有晚上，可以嗎……？」

但是，祖母不加理會，拿走了雜誌，且編造了冠冕堂皇的藉口，歸還原主。

從此，我可閱讀的只有報紙。後來就連讀報也不許。祖母他們的「高尚意見」認為，報紙可不是小孩讀的。

我只能靠著祖母讀報時破碎的拼音，努力猜測內容。有時斜眼偷看，快速讀下標題。或是利用早晚打掃時間，右手拍打拉門或架子的灰塵，左手拿著報紙，閱讀裡面的連載小說等。覺得有趣的，便偷偷夾帶進廁所。

姑丈貧瘠的書箱內僅有幾本書。我掛念著想拿來讀，卻總是不能如願。有一天，姑丈夫婦去旅行，不在家。趁機，我拿了其中一本，是「安徒生童話」。我對童話並不那麼感興趣，不過也無可奈何了。想要不被祖母發現，並不是容易的事。第一天、第二天平安無事，到了第三天的午後，我趁隙在菜園角落的廁所旁專心閱讀，不料祖母躡手躡腳走了過來——我竟絲毫未察。

「小文啊，來幫我折斷這棵樹的枝葉。」祖母氣沖沖地高聲呼喊。我嚇得趕緊把書放入懷裡，但那本近四百頁、文庫書大小的書，畢竟醒目了。祖母很快察覺不對勁，伸手搜出書來，然後說：「妳這個小偷！」繼續痛罵，「竟敢偷了妳爸爸珍藏的書，妳這個可惡的小孩。如果弄髒或弄破了，打算怎麼賠罪啊？真是可怕的小孩，妳啊……！」

對祖母他們來說，書本不是拿來讀的，而是房間的裝飾。

祖母把書拿走，回到屋裡，誇張且大費周章地將姑丈的書箱放進壁櫥裡，上鎖。

終於，我又被迫遠離了自己最後的朋友、整個世界的書籍。學校畢業後直到離開姑姑家，整整兩年時間，我什麼都不能閱讀。可以閱讀的，竟只有張貼在我房間的那些不完整的舊報紙上的隻字片語。每日我讀著它們，甚至可以背誦了。祖母他們訂下小孩不能讀報的高尚規定，但我的房間竟滿是舊報紙，實在荒唐可笑。理由很簡單，笨蛋才會把錢花在女傭的房間，張貼舊報紙已是奢侈了。對祖母他們而言，縱使任何「高尚的規定」，一旦有違自身利益，他們仍能面不改色地加以踐踏。

之十七

即使在這般的處境下，我也來到迎接十四歲的春天，僅有高等小學的學歷。把我從甲州帶來時，祖母曾經許下女子大學之承諾，現在連女學校也別妄想了。這已是給我最大極限的教育了。不，要不是高等科的學費與普通科相同，若非怕顏面掛不住，否則我可能早就離開學校了。

畢業後的生活，其實難耐。去學校，至少有半天可以避開祖母，如今，從早到晚我都必須在祖母的惡意監視下。回想起來，比起現在的牢獄生活，更加煎熬。

畢業後不久，大約那年夏天吧，祖母在屋後雜物間的泥巴地鋪上杭木，架出地板，再鋪上二、三張老舊榻榻米，從此那裡就是我的房間了。祖母他們背地裡，稱之為「女傭房」。我終於真正淪落至女傭的地位了。

女傭房對著祖母的房間，隔著牆就是放置柴薪的倉庫，畢竟這個房間原本就是倉庫的一部分。大小約三張榻榻米，一個人頗為足夠，不過既是雜物間又是女傭房，有一半空間仍放置著雜物。入口處的泥巴地上，還有水桶、醃漬木桶或甕等等，房間的架子上則有洗淨的飯桶、箱子，或以報紙包裹的各種物品。我的東西僅有放置衣物的箱子、骯髒且褪色的棉被，更別說桌子了，就連一張坐墊也沒有。屋裡陰暗、潮濕、散發著霉味，說到窗戶，其實就是面向祖母房間的那道牆，挖出約半張拉門大小的洞罷了。無論白天或黑夜，主屋裡的工作做完後，我經常一個人待在這裡，或做著指派的拆和服等工作。

話雖如此，我並不厭惡。我早已習慣貧困與痛苦了，只是對於「女傭房」的無意義生活感到焦躁罷了。

一起畢業的同學，有些人升學，有些人從事某個職業以養活自己，也有些人待在家裡為未來的生活做準備。而我卻被關在「女傭房」，被迫做著姑姑家那些沒有意義的工作，不被教導任何生活上必要之事。至少，我也想懂得一般家庭諸如針線裁縫等方法，或是也想閱讀書本。然而，一切皆遭到無視或禁止。偶爾被指派針縫什麼，也只是縫補姑姑家既有的東西，從不讓我學習從無到有、所有裁縫的步驟流程。在學校，我們沒有好的老師，當然也學習不到裁縫之事。論到煮食，指派給我的也僅有煮飯與煮味噌湯這等差事。換言之，我只是被拿來填塞姑姑家偶爾的人手不足。祖母他們從不教授一丁點作為獨立自主女性該有的技能，至於慈愛，對祖母、姑姑來說，也如同指甲垢般微小到幾乎不存在。

年輕的生命愈長愈大，可是卻無人能伸手提拔什麼。我無比的焦慮。難道要在這女傭房霉臭、令人窒息的空氣裡度過一生嗎？我不時懷著不安，最後竟罹患神經衰弱。

恐怕是失眠症吧，工作到頭昏、身體疲累，經常坐著打瞌睡，但等到就寢時間卻始終無法入睡。凌晨一時、二時，有時甚至來到三時都還是清醒著。輾轉難眠，痛苦不堪。愈想睡著，眼睛愈發睜著，最後隱隱感覺神經的跳動。經常終夜如此，導致翌日身體沉重難受，最苦的是頭痛。無邊無盡的不安不時襲來，令幽暗的日子更覺陰沉。

之十八

想想，來到朝鮮，自始至終遭到折磨虐待，期間一次都不曾得到祖母他們的慈愛。也許從截至目前的紀錄，不難看出，不過我所記錄的，也僅是一小部分罷了。我選擇不寫下的那些，肯定有人認為我在胡說，甚至會說：「夠了吧，論到底還不是妳自己的個性偏執乖張，就算是祖母冷酷，也不至於如此。」

想必也有許多人認為我刪刪減減寫下有利於自己的紀錄，隨意讀讀就好。我絕不否認自己的偏執或乖張。事實上，我就是偏執，就是乖張。但是，為何我的個性會變得如此扭曲呢？

自幼，我就比常人活潑，喜好與男生玩男生玩的遊戲。如今的我，既不是陰柔的女子，也不打算故作憂鬱或嬌羞。然而，在朝鮮的七年，我卻完全不是那樣的。

是因為不被愛且遭受虐待，讓我變得乖張；因為一切的自由被剝奪且受壓抑，讓我變得偏執。儘管我在學校不是那樣，但在家裡就連說句話也要小心翼翼。如今可以這樣毫無顧忌地說話，在那時根本不敢想像。說話前，我得觀察祖母與姑姑的心情，擔心著是否忤逆了她們的好惡。不，也不只是說話這件事，一切的行為都是。為此，我終於說謊了，人前人後言行不一，最後甚至當了小偷。一如盧梭在《懺悔錄》的自白，我也在不斷的欺負折磨下，性格偏執再偏執，最後終於淪落到小偷的地步。偷竊是好或壞，並非我現在思索之事。而是，徹底追求真實、率直、正義的我，堅決抗拒盜取他人之物，更遑論做個小偷。從朝鮮來到東京，無論怎麼困苦，事實上，我從未偷拿他人之物即便一根稻草作為己用。這樣的我，卻在姑姑家期間，不惜成為小偷。

為何我變成如此卑劣呢？

祖母他們的處世哲學與矜持，認為讓小孩拿現金去買東西，是貧賤的人才會做的事，上等且富有階級可不行。因此，當我想要買某物時，不得拿錢去買。大抵是家中的誰買來給我，若沒有，就是「記帳」取回。

但是，僅限於買我自己的東西時，購買祖母他們家的所需則不受限。大概是從學校畢業，淪落為「女傭房」的住戶後，經常被指派帶著錢去購物。而且，必然是市集開張的日子。

朝鮮的鄉下，通常每月有五、六回的市集，芙江的市集日是舊曆的十六日。以前的市集在白川附近，可說是朝鮮數一數二的大型市集，但自從鋪設鐵路後變得荒涼，最後移到村落的中央處，來客僅是方圓十二、三公里內的居民而已。不過縱使如此，少說也有一、二千人吧。為了做這些人的生意，肉鋪、小吃店、和服店、餅乾店、藥店、蔬菜店，各式各樣的商人從四面八方來此。日本人的零售商，當然也不放過難得的機會。居民也為了市場的價廉物品，爭相親臨造訪。

自恃高尚家世的姑姑家，當然不可能丟臉到那樣的地方開店做生意。不僅如此，他們也不想與「下等階級的太太們」同流合汙，深以去市場購物為恥。但是，他們的本性吝嗇，終究無論如何也要撿到便宜。因此，任務就落到我身上了，也是令我陷入不得不偷竊的理由。

那時我才十四歲。由於魚少價高，姑姑家總是盡量以蛋代替魚作為新年佳餚，蛋的價格，一般來說是十顆十錢左右。

為了買蛋，我常被指派到市集採購。每回出門，祖母他們總是再三提醒：「給我放機靈點，可不能買到貴的。」

然而，還是個孩子的我要如何機靈，我根本連什麼是貴或便宜都弄不清楚。

有時，我也會買回價廉的，祖母便歡喜地說：「真是便宜啊！」不過大抵來說，祖母都是嫌棄太貴而斥責我。

某日，我又被派去買蛋。祖母把雞蛋放在手掌裡，一邊量測重量一邊說：「這個蛋未免也太小了吧。所以，今天的比平常的貴。剛剛三浦家的太太去市集回來，她說今天的蛋便宜得不得了……我看妳是把錢拿去買今川燒吃了吧，跟那些貧賤的孩子一樣……」

這是何等殘酷的懷疑啊。我無所不用其極地殺價，就連賣家都覺得我簡直壞了行情。好不容易買到了，還擔心是否買貴了，一一去詢問別人的買價，回家途中還從籃子裡取出雞蛋秤量大小，用盡心思想要討祖母的歡心。然而啊然而，我還是必須遭到祖母的懷疑。

我非常煎熬，想著究竟該如何才能博得祖母滿意？左思右想，最後只有一個辦法，那也是促使我偷竊的動機。

我會趁家裡的人不注意時，悄悄從抽屜裡的零錢盒偷出七、八個銅幣，塞入自己的腰帶裡，回家時再連同那些與找回的零錢，一同交給祖母。

那時，祖母自然眉開眼笑。就算沒有歡喜，至少也不至於擺出臭臉。約有一、兩回，我就是用這個方法讓祖母高興。但是，內心終究是不安的。想著萬一被發現了，不免心驚膽戰。不巧的，偶爾零錢盒裡僅有銀幣而無銅幣，拿了銀幣，便容易被發現零錢盒裡的錢短少了。

不得已，我又思索其他更好的方法。終於想出一計策。

那是十五歲那年的冬天吧，市集日的早晨，我故意裝作事忙潛入了庭園前的米倉。

倉庫的左手邊，堆著一袋袋米袋，右手邊則是五、六個裝著糙米的箱子，高度約到我的胸口。我打開最靠近入口的那個箱子，藉著窗戶透進的光亮，看見平坦的米堆上，以指頭寫的「壽」字——為了防止男僕高偷米，祖母故意設下的防範，不過，我早就知道了。

我專心看著米上那個字，偷偷摹擬祖母的筆跡，直到有自信寫得一模一樣。我從那箱裡取了五斗米，放入袋子，藏起來，接著，將米箱的米鋪平，然後仿效祖母的筆跡，以指頭寫下「壽」字。

終於到了去市場的時候。我趁四下無人，取出藏起來的袋子，從後門出去。袋子當然藏在外罩底下。同時，為了避免被親近的人發現，我混在一同前往市集的朝鮮人之中。

市集依舊熱鬧無比，人們從這個店逛到那個店，每個賣家也一如往常在固定地點擺攤開店。所以，我大抵已熟知哪處在賣些什麼，哪處又在交易什麼。但是，我實在不知如何處理手中的米，若不盡快換成現金，恐怕會被熟人懷疑。況且，姑丈偶爾會到市場晃晃，如果被他發現，可就糟了。我心想拿去米市吧，可是畢竟量太少了，再者，我也沒有勇氣去那裡交易，有時甚至會遇到鄰居等熟人。如此一來，頓時覺得身邊每個人都是姑姑家派來的「間諜」。我的心如鼠膽怯起來，甚至想乾脆把袋子丟棄在水溝裡。

徘徊之際，時間也飛速流逝了。已近四時，太陽緩緩西下。我也應該回去了，否則恐怕又要被罵：「到底去做了什麼，一定是又偷買什麼吃了吧！」

我知道村裡的太太會帶物品去換必需品，如以物易物的形式。我以為，自己也可以如此，只是始終難以跨出那一步，自己終究虛榮、拉不下面子，再者是擔心被熟人看著，告狀祖母。

不過，已無時間了，我百般思量，鼓起勇氣，決心仿效那些太太們。待回過神，發現自己已站在某朝鮮人老闆娘經營的餐飲店前。就是這裡了！快進去吧！我告訴自己。可是，店內還有客人。我在心中不斷祈求他們快點離開，之後也不要有客人再進去，就這樣來回踱步了二、三趟。終於找到空檔，我潛入店內，感覺耳根發燙，努力克制著心中的罪惡感與自責，小聲地拜託說道，「那個……老闆娘，妳要買米嗎，很好的米……多少錢都沒關係……」

老闆娘驚訝地看著我，讓我更加膽怯。萬一她拒絕了該怎麼辦，萬一她去跟祖母告狀該怎麼辦。若地上有洞，我想立刻鑽進去。

天啊，簡直救贖吧，老闆娘竟說：「是什麼樣的米啊？給我看看吧。」

啊，落下了心中的石頭。最後我躲在附近肉鋪小屋的陰暗處，把帶來的米拿給老闆娘看。

老闆娘打開袋口，握了一把米。

「果然是好米啊，有多重呢？」

「有五斗。」

「真的是五斗喔，沒有錯喔。」

其實至少五斗以上吧。把米入袋時，量足了五斗，之後又添加了些進去。然而，都不重要了，我只想趕快完成交易，盡快換得現金。

「嗯，足足五斗……但因為有急用，能換多少錢都無所謂。」

老闆娘終於買下，我拿了錢，連數都不敢，急忙走出店裡，躲進人群裡。

我是何等的卑劣啊，明明那麼害怕，但之後依舊為了彌補買貴、為了討祖母歡喜，幾度故技重施，對自己愈發寡廉鮮恥的行徑，心懷恐懼……

「那個時候，萬一被發現了呢……？」如今回想當時，不免打了寒顫。然而不可思議的是，我真正害怕的卻是最後的結果，從未想及自己正做著非常罪惡的事。即使現在，我仍然認為，是某些理由促使我做出那樣的事，不應該由我負起全部責任。每每想到自己身上沾滿的汙點，不禁無比憤恨祖母的小氣與不近人情。

之十九

感覺我的朝鮮生活紀錄未免太過冗長，但對我來說，實在必須寫到這個程度。希望閱讀的人得以理解，在朝鮮足足七年的時間，何以讓我變成一個偏執乖張的人……

終於來到告別我的地獄——姑姑家的時刻。在祖母的掌控下，從苛責虐待我、剝奪我的自由與獨立、無情摧毀我的優點、阻礙我的成長、促使我變成扭曲執拗乖張，甚至成為偷竊的我，終於等到逃脫魔掌的機會……

十六歲那年春天，某日祖母喚我到她的房間。

「小文啊，我明天有事要去太田，想順便去買妳外出用的和服，所以妳把妳的錢拿來吧，妳根本不需要用錢，放在身上也沒用。我不強迫妳，不過妳也到了該有一件外出和服的年紀，這樣比較好啊……」

自幼從未有穿漂亮衣物的想望，但既然祖母提到，還是讓我頗為開心。然而，祖母提到我得自己花錢買和服，我又不免錯愕。就算是個孩子，也清楚明白那件衣服究竟是該我花錢去買，還是祖母該買給我呢。何況，祖母原本拿著那絹織和服與紅色腰緞帶來說服我們，不知何時竟送給了貞子，在這裡足足七年時間從未讓我穿件像樣的衣物，僅僅是那種一日圓或二日圓左右的木棉染和服。此外，雖說也讓我上學，但一從學校回來就被使喚來使喚去，學校畢業整整兩年，根本徹底被當女傭差遣，祖母他們也從未給過我一文錢。如今卻說到了該有一件銘仙和服的年紀，卻又要我把賠償器物剩下的錢全部交出來。這些人簡直慳吝到了極點，同時又毫無人情。

我忍不住想說：「我不要什麼和服！」但就怕萬一說出口又觸怒祖母，不知會發生什麼事，終究還是沒有說出口。遵照祖母指示，我把自己的錢全部掏出來。我的錢，剩下六日圓，加上母親又寄來四日圓，總計十日圓左右吧。

翌日，祖母依約定買回了一匹銘仙布。黑底色，猶如三十六、七歲女人的老氣格紋。我失望極了。不過表面上，還是感激道謝。

接著，就是製作和服。理所當然既需要衣襬內襯也需要內裡，衣襬內襯的部分，姑姑貢獻了她老舊的灰色殘布，順便從既有的布料中找出縫製袖口所需的黑布。至於裡布的緋紅細棉布則用我剩餘的錢購買。

這些都無所謂。我不懂的是祖母為何突然出此主意，之後才終於明白。

四月初，也就是三、四日左右吧。某天我辦完事回家，發現我房間架子上放置了一個破舊的行囊。打開一看，裡面什麼都沒有，不過，殘破處從內襯上了和紙，再以白線縫合。

「奇怪了，這個到底要做什麼用，莫非要把我……？」我思索著。心情突然猶如快飛上天的喜悅。然而，又開始不安，畢竟落得掃地出門，也是有傷自尊心。

我不去過問行囊的事，繼續裝作沒看見，一如往常工作、生活。

四、五天後，也就是十一日清晨，姑丈對我說：「妳在我們家也夠久了，高等學校也畢業了，終於到了該結婚的年紀了，還是回山梨吧，剛好妳祖母明天要去廣島那邊，就讓她帶著妳回去吧。妳去準備行李。」

我終於了解一切。

我已到了這個年紀，若是繼續待著，讓我嫁人也要花錢的。要送回去就趁現在，再加上祖母要去廣島，正好可以一起同行，哎呀，想必這般算計，去年底就決定好的吧。

可是，總不能這副寒酸把我送返家鄉。家裡的人或村裡的人或我母親，他們總會問起那說好的和服呢？學校又如何了呢？這麼一來，恐怕會讓人明白祖母他們的為人，因此至少得讓我帶一件銘仙和服回去吧。想必是這樣的理由，祖母才會要我出錢買和服。

待我整理好餐桌，祖母隨即要我去拿自己的行囊出來。祖母與姑姑兩人把我的衣物一件件攤開，一如監獄檢查送入物，就連衣袖內也仔細檢查，衣襟處也捏捏抓抓。然後大概是了解自己對我的待遇，讓過去的吹噓宛如詐欺，他們趕緊從中丟掉那些過於破爛的衣物，放進一些還堪用的。所謂堪用，就是諸如那件以褪色、皺巴巴的銘仙布縫合，外加暗紅色裡布的新銘仙和服。我最喜歡的那件薄紗襯衣，不知何時已給了貞子，不見了，取而代之的是姑姑的一件七年來我從未穿過、也不喜歡的伊勢崎銘仙襯衣。姑姑卻彷彿給了我極大恩惠似地，對祖母說道，「媽媽呀，想想我自己沒有生小孩，真是虧大了啊，竟然得這樣的擔憂、花費金錢……」

祖母果然還是祖母，一邊把我過去穿來、現在已穿不下的衣物等塞入行囊，一邊解釋：「聽著，小文，妳以前穿來的薄紗外衣，已改成襯裙，現在就當著妳的面放入行李了喔。另一件白色襯衣，是妳自己穿壞的，所以現在沒有了。」然後又說：「我先跟妳說好啊，回到家，可別說朝鮮祖母拿那些好衣服來帶我走，其實都是騙人的，聽見了嗎！妳的心若是善良，那些本來會是妳的，但妳根本不善良，我可不能給妳。總之，這就是自食惡果，懂了嗎？」祖母為了防止我回家後到處訴苦，趕緊設下防線。

我當然回答，是的。心底其實想說：「我已經不是小孩了！」

隔天，我與祖母用完早午餐，即離開家。

祖母此趟既是為了貞子上女學校一事，另一方面，也因受邀參加操的娘家長男之婚禮。廣島行，早已擬定。

姑丈給了我五日圓零用金，那就是岩下家送給我的全部了。姑姑送我到車站，高也幫忙提著行李來送行。

不久列車抵達，我與祖母搭上車。

儘管要離開這個足足住了七年的地方，我卻流不下一滴眼淚，反而在心中祈禱著。

——啊，列車啊！七年前欺瞞了我，把我帶到這裡，留下我一個人飽受孤獨、痛苦與試煉，然後你隨即離去。這期間，幾百次幾千次你從我身邊行駛而過，我卻渾然不知，漠然看著你默默而去。你終於來接我了！終於沒有忘記我。快把我帶走！快點，快點，任何地方都好，只要能盡快遠離這塊土地！

返回村落

抵達家鄉的車站，已是第三天傍晚。是父親以前待過的圓光寺的千代來接我。

比我年長二、三歲的千代，馬上認出我，隨即跑來握住我的手。

「啊，小文，歡迎妳回來。」

「謝謝，我終於回來了。」

我什麼話都不想說。心情又似歡喜又似羞恥，難以言喻，僅能沉默。

「行囊呢？」

「有是有，不過沒什麼重要的東西，今天應該是到不了。」

「這樣啊，那麼就立刻回去吧。」

「好啊。」

走出剪票口，往村裡的方向走去。不過，天色已暗，看來是無法回到家。於是我們便留宿在舅舅的寺院。翌日啟程，回到家時已是中午時分。

已進入春天，村落風和日麗，大麥開始變色，油菜花也綻放黃色小花。山鶯在山巒處鳴叫，家家戶戶庭院散發著沈丁香的花香。

眼前就是母親的娘家。渡過小河的木橋，來到家門前，看見舅舅正在田裡耕作。從朝鮮出發時，我非常激動，祈禱盡速逃離那個地獄。我拜託著列車，趕緊帶我遠離朝鮮，只要離開，無論哪裡都好。事實上，要去哪裡心裡根本毫無著落。當然是帶我回到甲州的這個鄉下。可是論真想想，這是我的棲息之所嗎？見到村落，見到舅舅，我反而更加憂慮了。

舅舅見著我，停下手裡的鋤頭。

「舅舅，我終於回來了……請原諒我，是我不好。」

我好不容易說出了話，也哭了。

「什麼，好了，小文，我什麼都知道了。」

平時沉默寡言、總是低頭不語的舅舅，臉上竟然出現從未見過的笑容，試圖安慰我。他拄著鋤頭，慈祥地對我說：「沒有什麼好哭的啊。好久不見，妳已長得這麼大了，是大人了，沒啥好擔心的了。」

以為回到家，不知會如何挨罵，沒想到舅舅反而對我伸出溫暖與祝福的手。宛如肩上的重擔突然卸下般，我湧起歡喜，心想著「這裡果然是我真正的家啊」。

舅舅停下手邊的工作，與我一同回家。舅媽正在廚房準備午餐。

「啊，小文啊，妳回來了啊。長大了啊！」舅媽也歡迎我回來。

在庭院田地工作的外祖父、在屋裡養蠶的外祖母，聽到我的聲音也立刻趕來。

「喂，小文啊，果然回來了。實在太突然，我還想自己是不是聽錯了，果然是妳啊！」外祖父說道。

「長大了啊，懂事了吧？妳毫無音訊，我很擔心啊。」外祖母也連忙說道。

我去打水洗腳，千代也是，然後坐上那儘管骯髒卻舒服的坐墊。

終於到了午餐時間，大家一起用膳。儘管簡陋寒酸，不過我吃得猶如山珍海味。至少，嚥下食物時充滿感恩。

舅舅他們問了許多事，朝鮮的事、芙江的事、姑姑家的事、學校的事，我則挑重點說個大概。至於在朝鮮到底受了哪些苦？到底有多難？又遭遇了哪些？關於那些事，一字未提。不過，大家似乎也嗅出端倪。

外祖父母並未一起用餐，待舅舅去田裡，我就去到他們房裡，又說了許多話。母親也知道我回來，隔天清晨就趕來，看起來衰老了許多，不過衣著整齊。母親開心地噙著淚看著我，說：「長大了啊！」她幫我調整頭髮上的髮簪，又摸摸我的背，不意間看見我的手腕。

「哎呀，這手腕，怎麼都是凍傷的痕跡！」

母親先是驚訝、隨即哭了出來，「莫非從早到晚使喚妳洗洗刷刷？」

那個不顧我懇求，留下我而去的母親，我至今仍無法原諒。但是，畢竟是娘親，還為我著想，我心裡是高興的。在朝鮮受到那樣的對待之後，聽到這些反而更感安慰。

「妳在朝鮮如何呢？給妳上學了嗎？」

母親開始頻頻追問我在朝鮮的生活。想想，在朝鮮時幾乎未寄信回來，也不能寄，因為不允許我隨便寫信。偶爾寫了，也如同監獄，必須經過祖母他們的審核。因此，必然是寫些「我過著幸福自由的生活，請放心」，為此，母親恐怕真以為我過著祖母誓言的幸福生活。

我並不想多說什麼，既討厭自己淨是抱怨，也覺得沒人會理解。我只說了讓我上到高等學校的事，還有決定由貞子成為岩下家的繼承人，所以我在岩下家已無可用之處，因而被遣送回來。

「我就覺得奇怪，第一、二回的信還寫著岩下文，不久就變成了金子文，肯定出了什麼事。」母親提起。

外祖母也跟著幫腔：「沒想到是這個樣子，沒想到她連一句問候也沒有，就這樣把一個人送回來了。」

兩人埋怨著岩下一家，想起之前帶我走時朝鮮祖母說的話或做的事，又忍不住詛咒了一番。

分別七年，家裡狀況已大有不同。主屋被分隔開來，外祖母住在最裡側的房間，隔間的檜木門被釘死，無法打開。屋後的泉水淨是落葉或泥濘，顯得汙濁。曾經曾祖父細心照料的樹園，也已荒廢。主屋西側的二層倉庫也頹毀了，現在用來種蔥。

家中氛圍也不同以往。同屋簷下的外祖父母與舅舅舅媽，相處得不融洽，因為如此，間隔的門才深鎖。親子兩代，已無瓜葛。外祖父母在院子空地裡耕作，又飼養些許的蠶，以賺取小錢勉強過活。舅舅體弱，不喜農作，主要靠兜售和服或古著等維生，有四個孩子，以前我還背著去上學的長女，如今已是我當時的年紀——九歲了。

母親嫁去他處，但已不再是那個鹽山的家了。她因難以忍受鹽山的商家生活，在我去了朝鮮不久即回到娘家，再度到製線工廠工作。後來經圓光寺和尚介紹，嫁給僧侶，可惜是個貪得無厭的和尚，因此不到兩個月母親又飛奔回家。接著，又與曾根家的次男談戀愛，對方遊手好閒，在眾人反對下，只得分手，三度到上州的山十組製線工廠工作。如今，則是鹽山車站附近，一位名叫田原的蠶絲仲介商的續弦。

如前所述，過去母親已與多名男人同居，然而我去朝鮮後，母親依舊重複著同樣的情事。現在的我，並不想苛責母親。畢竟，母親的貞操觀念薄弱，同時意志也極度脆弱，不是可以一人獨自活下去的女人，身旁總必須有可以支持的人或男人，一旦落單，任誰來說媒，必定又飛奔而去。娘家的人考量到母親最初婚姻失敗，總覺得不該讓她年紀輕輕守活寡，卻僅單純盤算利益問題，找尋富裕的夫家，從未認真考慮母親的幸福，因此，母親屢屢被迫進入婚姻。

那樣不知是虎是豹的就與男人交往，離開家裡，受盡折磨後，一路從這個男人換到那個男人，這般蹣跚走來的母親，理所當然前來提親者就不會是條件俱全的人家，既然有人要了，母親當然也不會說不，更不敢奢望說出對方哪些地方令她難受，最後無法受苦了，就逃了出來，從不試圖相互了解，最後的命運就是任感情冷淡罷了。不僅如此，舉凡參與提親說媒的人，諸如外祖父母、舅舅夫婦或圓光寺的和尚，彼此之間都落得心存芥蒂而不睦。這回母親與田原，也一如過去的模式，任憑媒人說詞，明明知道完全不相配，仍執意嫁過去，回到娘家，則不厭其煩地抱怨。

所以，母親一開始見著我，是欣喜的，聽我說朝鮮的事也氣憤難耐，可是話頭一轉，又說起她自己的怨懟，向外祖母訴說那些從不落幕的苦痛。

母親果然可憐，但那些苦終究不若我在朝鮮的苦啊。而我連一件都未提，為何母親可以滔滔不絕，想著就覺得厭煩。從那幽暗慘澹的地獄逃了回來，原以為終於可以鬆口氣，沒想到又陷入這般陰沉，簡直是難以負荷。

聽著聽著，我忍不住從外祖母與母親身旁溜走。但是，我該去哪裡。去房東——舅舅的家？待久了恐怕會引發外祖父母的情緒。去圓光寺？母親與圓光寺的關係又惡劣。才回到家不久，隨即發現自己竟無安心落腳的場所。

某日，約是回來後的四、五天吧，一個人發愣地站在舅舅家門口，不料，幾位以前的同學背著竹籠拿著鐮刀剛好走來。我們像小大人似的相互問候，我問他們要去哪裡。

「採蕨菜啊！」同學們回答。

突然，好想跟著一起去。

「可以等我一下嗎？我也想去……」

大家隨即答應我的請求。我回到家，換上登山的裝備，立刻飛奔出去。

我們行過河水清澈、布滿岩石的溪邊，茂密的樹林間，虎杖、木莓、山獨活挺立著，還有許多不知名的草木、花朵。山鶯在潮濕的森林裡從那頭的山巒飛到這邊的山谷，傳來悅耳的叫聲。穿過森林，眼前是狀似綠草叢生的山巒，籠罩著薄霧。

當然，山巒並非綠草叢生，而是一株株高聳的灌木，不過距離青葉的五月還早，我們才得以輕鬆走在其間。

猶如薄絲包頭的紫萁，像洋人鬈髮的蕨菜，處處可見。採集時，從根部折斷放入竹籠的剎那，真是令人歡喜。

儘管大家分頭走去，卻也不時大聲呼喚對方，有時說話，有時也歌唱，從山腰到山頂，再從山頂到山下，來來回回，直到摘滿整個竹籠，才返家。

我彷彿贏得冠軍，開心地對外祖母說：「奶奶，我採了蕨菜回來了。」

把沉重的竹籠卸在外祖母面前，原本期待她說些歡喜的話，沒想到她一點也不高興。

「蕨菜？妳外祖父討厭蕨菜啊！」她甚至摸都不摸。

我失望極了。

「是喔？那拿去給舅舅他們吧？」

外祖母一聽，也顯得不悅。明明同一屋簷下，親子關係卻這般惡劣，想必連些許慈愛都吝惜了。

外祖母說：「不必給房東，拿去給元榮吧！」

元榮，是我最小的舅舅。自幼就是個溫和的孩子，深得兄弟們的喜愛。最長的舅舅不喜農作，最後終是家產繼承者。小舅舅則在十二、三歲時，突然想當和尚，於是去到距離村落一里外的慧林寺，成為當時掌管臨濟宗的僧侶的弟子。如今則在慧林寺內的望月庵隱居。

我從朝鮮回來那日，與千代兩人留宿的就是望月庵，所以我已見過小舅了。我遵從外祖母的指示，帶著蕨菜去望月庵。

舅舅身著素黑和服，腰繫白色腰帶，正蹲在屋前照料盆栽。

「您好啊！」我打了招呼，小舅抬起頭看我，「小文啊，妳來了啊。」他微笑起身，說：「來坐吧！」隨即自己先坐在屋簷下的走廊。

我把摘來的蕨菜放在小舅面前，告訴他是昨天與朋友一起去採的，外祖母要我拿過來。

小舅感謝我的好意，摸著包巾裡的蕨菜，然後問道，「如何呢，家裡與朝鮮相比，哪邊較好呢？」

我不想提及朝鮮的事，僅回答：「都一樣。」又問小舅：「舅舅一個人在這裡，不寂寞嗎？」

「怎麼會寂寞呢，是輕鬆愉快啊！」小舅又微笑看著我。

不知為何，感覺截至目前為止接觸的人之中，唯獨小舅最高尚吧。然而，我也沒有特別想說些什麼，遂獨自在庵內漫步。

與農家不同，庭園打掃得乾淨，植樹或敷石的配置也頗雅致。我雖不懂得品味，不過還是覺得舒適。不知何時已走入之前的慧林寺。果然是大寺院，廣闊的庭園，高大的樹木，我尤其著迷於那股寧靜。當下，腦中未思索任何事，再沒有心煩氣躁，也無任何沉重的壓迫，初次感覺得到了平靜。

返回望月庵，小舅正在廚房料理食物，見著我，便叫我。

「進來吧，讀讀報也好啊，小文，我做飯給妳吃呢！」

正準備進屋裡，突然看見跑來一隻狗。我很喜歡狗，每回見到狗，總覺得有些掛心，都會蹲下來與牠玩耍。

「這隻狗是舅舅養的嗎？」

「是啊。」

「牠叫什麼名字？」

「S」

「S？好奇怪的名字啊，S！S！S過來！」

S搖著尾巴，搖著頭，或跳或嗅聞，朝我飛奔而來。我帶著S去了附近的田埂、山腳下。

我憶起朝鮮姑姑家飼養的狗，那隻在寒冬夜裡，連一張草蓆鋪地也沒有，就睡在外面的狗。他們不給我飯吃，趕我出屋子時，狗彷彿也懂得我的痛苦與悲傷，搖著尾巴，垂著頭，發出嗚咽過來磨蹭安慰我。我緊緊環抱牠的脖子，抱住牠，嚎啕大哭。有時，我會偷偷幫牠的窩鋪上草蓆。我也想到幼時，那隻被父親刺死的狗的悲慘模樣。

在朝鮮時，總覺得自己與狗有很深的連結。狗與我同樣遭受虐待，也同樣備嘗痛苦，猶如難友。

「S，你幸福嗎？」

我在心裡問著。

此時，傳來小舅的聲音。

「小文，進來吧，午飯好了。」

我帶來的蕨菜，與蛋一起熬煮，加上溫熱的米飯，讓我飽餐了一頓久違的美食。餐後，慧林寺來了三位年輕和尚，約比我大三、四歲，我們聊天說話，變成朋友。

想起來，覺得丟臉，竟然說了那麼多話。最後大家還一起玩歌牌，宛如過年的氣氛。

直到傍晚我才回家。到了家，見母親正在幫舅媽養蠶，依舊一邊訴苦、埋怨。讓我更加懷念白天與小舅相處的情景。那個當下，彷彿忘記了一切，徹底解放，自由的，愉快的，甚至湧起沸騰般的氣力。

之後，只要一有空，我就會去找小舅。

入虎口

或許經某親戚說了我的事吧，父親從濱松來看我。

就是幼時丟下母親與我的那個父親，曾是那般虐待我的祖母與姑姑家中一分子的父親。

我對父親並無好感，甚至反感。倒是父親見到睽違許久的我，依然充滿疼愛。好笑的是，事到如今，父親似乎還想對我展現為父的權威。

父親當然不可能在外祖父家長住，一聽說小舅在鄰村，便要我帶他去找小舅。我原本不想順從，但既然可以去找小舅，自然歡喜同往了。

小舅對父親的造訪，非常開心。父親與小舅也不似與外祖父那般生疏。

「好久不見了啊，歡迎啊！」小舅親切地說道，父親則半稱讚半揶揄地說：「分別幾年啊，你變得成熟穩重了，簡直像現在那些了不起的知識分子啊！」

小舅苦笑地回話：「我去姐夫位在興津的家時，才十七歲，都已經過了六年了。」

「對啊，我在興津時，你曾來玩啊，那時還是個孩子呢……」

「不過，也絕不是遊手好閒啊。」

小舅說完後大笑。

「也是。」父親也笑了。

當時，小舅一度不當和尚，準備去跑船，等待工作機會之際暫住在父親家。

如前述，小舅在十二、三歲立志當和尚，外祖父本想讓他繼承金子家的家業，因而極力反對，卻始終無法改變小舅的心意。外祖母又出面說情，對外祖父說：「孩子的爹啊，既然他想去，就讓他去吧。那孩子出生時身上的胎盤就像袈裟似的，從肩膀掛到胸前，說不定那就是個徵兆，當了和尚，肯定出人頭地。」

外祖父想了想，終於遵從外祖母的意見，說：「說得也是啊，做什麼都好過農民啊，生活肯定愜意多了。」

小舅成為小和尚不久，慧林寺因武田信玄的某事件，變成著名的寺院，吸引許多和尚。小舅在寺期間，一邊讀完小學一邊完成修業，深得大和尚們的喜愛。

不過，小舅出家並非基於宗教上的感動或動機。而是與某些和尚一樣，以為當了和尚就能一輩子有吃有穿，如此膚淺的考量罷了。

因此，十六、七歲出現性衝動時，不禁懷疑這樣的生涯。

寺院的生活，表面上平靜，然而對年輕人來說，平靜並非絕對適用的價值觀。年輕人根本不需要平靜啊，那是被閹割後的人才會有的想望。年輕、健康的生命嚮往更刺激的生活，無論手無論腳無論欲望，都希望能自由伸展、充分發揮。

但寺院裡並不可能獲得這些想望，於是小舅非常不滿。他把袈裟撕破，丟在地上，隨即逃離，來到興津投靠父親，之後搭上前往九州的汽船。

畢竟海上相較於甲州深山相去甚遠，比起平靜的寺院生活也更加辛苦。然而，無盡的大海，無垠的蒼穹，波瀾、海風、洋流……總之，精力充沛的放蕩船員生活，對年輕的小舅來說如魚得水。一個月愉快的海上生活後，小舅又回到橫濱。一上岸，就被家人強行帶回家。

大家要小舅好好想想未來，說什麼當船夫沒有未來可言，你可是最受大和尚疼愛的弟子，大和尚就要成為京都總部的管長了，將來不用說當然是傳承給你，只要深得大和尚的歡心，無疑是為未來打好基礎，現在才是關鍵的時刻啊。

在家人與圓光寺和尚不斷勸說之下，小舅最終又回到寺院了。不過，小舅已失去純真的初衷，全然只為了順從大家的意見。後來，小舅隨著師父去到京都進學。

可是，小舅就是個破戒的僧侶。上學期間，曾追過香菸鋪的女孩；師父為養病回到望月庵隱居，小舅也跟著回來，並與圓光寺的千代眉來眼去，陷入戀愛。

從朝鮮回來時，千代來接我，一同住宿在小舅的望月庵。那晚，我們三人並排睡在最裡面的寢間。由於我已經搭乘兩天兩夜的列車了，很快就沉睡，倒是兩人那晚又相好了，徹夜纏綿。

小舅與千代的關係，不僅圓光寺，就連村裡的人、我的外祖父母都知道，不過都未多說些什麼，甚至還有些許竊喜吧。

我並不知道小舅的那些經歷，純粹基於好感而親近他。

知道父親愛喝酒，小舅隨即拿出酒菜，兩人交互乾杯，說起種種往事或親戚的八卦，也說起小舅現今的境遇或我的事。幾乎爛醉了，父親突然正色地對小舅說：「說起文子的事啊……元榮啊，我其實是有些事來拜託你的，我們換個地方說話吧……」

「這樣啊，那麼……」小舅起身，催促著父親，「過來這裡吧……」

兩人搖搖晃晃地走進另一個房間。

莫非是不能讓我聽到的話題！想必是與我有關。我感覺不安，也對他們的多管閒事憤慨。但，終究只能默默坐在那裡發呆。

兩人眼看就要說完，走出房間了，這時聽到小舅恢復了平常聲量，說：「如果能這樣，真是太好了，對當事人來說，也是相當幸福的事。」然後拉著父親，又返回我在的房間。

兩人究竟說了什麼，我其實並不想知道。

父親突然轉換話題，對著我說：「截至目前，我都未為妳做過任何事啊。並不是我不想，實在是時不我予。不過，現在終於手頭寬裕了，我在濱松可是也有些知名度啊。因此，為了彌補過去的罪孽，我想帶妳走啊。如何呢？要去嗎？小文……」

我不喜歡父親，也不信任他，但，比起終日待在鄉下，倒不如去都市看看的好，所以還是遵照父親的提議，去了濱松。

直到抵達父親濱松家的那晚，我才知道那日小舅與父親躲在房間裡的談話。舟車勞頓的我，先行睡去，半夜醒來，聽見隔壁房間說話的聲音。是父親與阿姨。他們頻頻提起文子、文子。

我不禁起身側耳聆聽。

父親小聲地說。「……元榮還不是那個寺院的住持，不過只要老實聽話，寺院終究還是元榮的……但是，元榮說啊，那個寺院原本是管長的隱居寺，所以並無所謂繼承者，倒是單單寺院附屬的財產、寺院用地的租金就足以輕鬆過生活了……

「……聽隱居寺院的老奶奶說，文子啊，回來那天就與圓光寺的女孩一起去元榮那裡過夜，之後又常常去找元榮。在我看來啊，那傢伙肯定迷戀上元榮了……」

我真是驚訝極了，同時也問自己：「真是如此嗎……？」但隨即也回答自己：「才不會那麼蠢呢……！」

父親又繼續說：「所以，我乾脆就跟元榮商量，怎樣啊，你要不要娶文子啊？結果，元榮完全答應了……我才不管別人說什麼呢，文子只要進那個寺院裡，一輩子不用愁吃穿了，更重要的是，對我們也好……」

啊，父親竟然準備把我嫁給小舅。不，他們已經說好了。多麼可怕的事啊。父親把我當奴隸，賣給小舅。何等褻瀆啊，不，不僅父親，還有那個入了佛門的小舅，又是何等汙穢的畜生。如今想起來，都還會氣得發抖。

不可思議的是，當時的我聽聞那些，卻毫無感覺。無喜也無悲，不覺得是好事也不覺得是壞事。原來我在當時不知不覺已有了追求異性的渴望，只是尚未想到嫁人或找尋對象。也或許那根本是不值得思考的問題，我無從判斷，也無從感覺，才又恍惚睡著了。

儘管如此，這件事確實齷齪，不僅對我來說，對父親來說，對小舅來說，對人類來說……

直到能清楚分辨這件事的真實意義時，我咬牙切齒地哭了。

為了望月庵的財產，為了可以從中謀得利益，父親把我當作物品，準備賣給小舅；而我的小舅，竟也為了貪圖處女以逞獸欲，是的，僅僅為了獸欲，企圖買下我！

我徹底明白父親醜陋的心。但是，小舅又該怎麼說呢？不用說，他企圖娶外甥女為妻完全不德不義，不只如此，根本是個駭人的色魔。表面上是入清淨樂土以得道的出家之身，實際上不過是貪圖肉欲的餓鬼畜生。

他與千代暗通款曲了，卻又準備納我為他的慰藉。甚至，與父親約定之後不到半個月，開始物色其他女人。那是後來我聽他說的，是的，是他親口說的。

「從那之後——（也就是我與父親一同去拜訪他之後），約莫過了十四、五天吧。千代帶著一個名叫水島的東京朋友來我這裡過夜，那個水島真是美人啊，是與千代不同的美。聽說水島有個十六、七歲的妹妹，我簡直忍不住了，就偷溜出寺院，追到東京的巢鴨去見水島，也看到她妹妹。結果啊，膚色黑，個子矮，根本是個醜女孩，真覺得自己做了前所未有的蠢事……」

「既然如此，為何要去追求那個妹妹？水島那麼美，追求水島就好了啊……？」我說。

結果，小舅若無其事地說：「不想啊，再怎麼美終究不是處女……」

原來啊，小舅追求的就是處女罷了。只因為這個理由，他與那個愚蠢的父親約定了，編造了那個娶我為妻的童話故事。

父親住在濱松的下垂町。一處距離大街稍遠，租金二十日圓左右、設備齊全的小屋。

家中有菜櫃、暖爐櫃、衣櫃等，比起過去我所熟知的父親，他現在的確過著愜意的生活。「畢竟像妳父親那種無人能及的怠惰，能有現在這個樣子，可吃足了苦頭啊。」阿姨吐露心聲，說的也是實話。

關於父親的工作，依舊不是什麼正規的行業，據說是風評不佳的八卦報紙記者。大家懼怕那報社，表面上看似尊敬父親，其實是敬而遠之。

有趣的是，父親如今是個大迷信家，客廳牆壁上，靠近天花板的地方架設了棚架，祭祀著稻荷神或荒神之類的，每早膜拜。另外，招待客人的房間，掛著不知哪位了不起的和尚寫的「唯是天命」之卷軸——父親認為那位和尚現在還活著，值不了錢，但死後必定可以大賣。看來當初信仰「命運」的父親，迷信的哲學依然健在。

掛軸前方放置的祭神托盤，放著寫有「佐伯家系圖」的細長盒子，與之並排的則是阿姨從古董店買來，經父親鑑定物超所值的舊花瓶。面向掛軸的一張書桌，桌上有稿紙、信封、兩三冊法律書籍，以及似乎去夜市蒐購而來的舊式英日辭典。

不難看出父親企圖掩飾他拙劣的品味，以及空乏的腦袋。

我不喜歡那樣的父親，為何可以滿口謊言維繫自己的生活？為何要如此虛榮、好面子？儘管年歲已長，依舊只是個遊手好閒的無賴，在家卻端著一副人品高尚的架子，滿口道德仁義。

舉例來說，阿姨在廚房忙碌時，若我在讀書，父親立刻就會大聲怒斥：「文子，妳在做什麼，妳母親一個人在忙，妳竟然還在玩樂……還不快去幫妳母親！」目的也是要讓阿姨聽見。待阿姨不在，他又要我坐在他面前，低頭解釋說：「文子，妳可別誤會我經常責罵妳。我也不想使喚妳去做這個做那個。不過，這個世界可不是妳想的那麼簡單。我是為妳著想。況且，別忘了，妳與這個母親是沒有血緣關係。」

忍不住想說，我可悲的父親啊，為何我必須與阿姨建立起道義上的母女關係。父親竟將自己幹下的好事放在神壇上，擺出一副道德家的嘴臉，強迫我遵循孝道。其實阿姨很明理，絕不勉強我。阿姨是真正愛我的。因此，每回被說教，我便轉述給阿姨聽，然後兩人哈哈大笑。

來到父親的家，約莫第十天或第二十天吧，我已感覺自己與父親家格格不入。總而言之，我漸漸明白自己並非父親家的一分子。

其中最不能適應的是，父親家晨間舉行的膜拜儀式。每天早餐前，父親、阿姨、弟弟會端坐在神壇前，面對「佐伯家系圖」虔誠膜拜。或許對父親來說，的確是極為嚴肅認真的事。可是，撇開其他事不說，打從出生以來，我就不曾被賦予佐伯的姓氏，為何必須跟著一起膜拜佐伯家系圖呢？因此，這件事令我極度痛苦。父親總是強迫且監視著我，然而我又難以假裝，終究還是顯露出自己原本的心態。父親更加視我為虛情假意且傲慢的「不肖子」。

來到濱松，我進入實科女學校的裁縫專科就讀，起因是父親想把我送進望月庵當僧侶的妻子，而小舅說過「最重要的是擅長裁縫」。但，一如我多次提及的，我並不喜歡裁縫，自然也不想去學校，就算勉強去了，也是聊天說話，過一日算一日。父親看在眼裡，覺得我不遵照他的意思，很是氣憤，因而彼此間愈加累積了不滿。

七月中旬，學校開始放假。小舅元榮要我去玩，為了逃避這個家，我立刻急奔甲州。

抵達鹽山車站時，已是午後兩點，竟下起雨來。

又是下雨，加上暈車，我便坐在車站的等候室等待。約過了半小時，仍不見轉晴，左思右想，最後決定先去母親家借傘。

母親家在距離車站三、四公尺的田中央。走出車站，沿著人家的屋簷或樹蔭，終於來到母親家附近。由於母親對外宣稱她沒有孩子，我總不能如此貿然進去找她，只得站在外面，等著母親走出來。我藏身在高大的樹籬圍牆下。也許正值喝茶時間，屋內傳來母親高亢的說話和笑聲，以及其他女人開心的交談。

雨愈來愈大，既無法進屋，也不能往回走。我僅能憂煩地站著，別無他法。突然，走來一位擔著水肥桶、身穿短褲、頭戴斗笠的男子，正準備進入母親家中。

「那個，請問，」我追著那個男人問，「那個，那個，府上的……夫人在嗎？」

「嗯，在喔……」男人答道，狐疑地看著我，隨即從後門進入屋內。

不知那個男人進去會說些什麼，說不定屋裡的人會覺得奇怪而跑出來看。想到萬一，就覺得麻煩。無可奈何，我又回到車站的等候室。

也許是暈車還未褪去，加上淋雨，一到車站，益發覺得噁心，忍不住吐出方才在車上吃的橘子。

我趴在座椅上休息，迷迷糊糊中似乎誰來到身旁叫我的名字。是小松屋的叔叔（濱松阿姨的妹夫的弟弟）。

「文子，妳怎麼了，暈車嗎……看起來很不舒服啊。」

「嗯，暈車後又淋到雨的關係……」

「那麼，妳等等啊……」話還未說完，那個男人就不知跑去哪，再返回時，他遞給了我仁丹。

我說了聲謝謝，接下仁丹，吞下七、八粒。

「謝謝，我已經沒事了，該回去了。」

「文子，妳沒有傘吧？」對方問。

「是啊，剛才啊。」我想既然是親戚，也不避諱，就說起剛才準備向母親借傘卻不得而入的事，然後問道，「我母親過得還好嗎？」

「啊，最近聽說關係不融洽啊。」男人回答，並要我一起去附近借傘。

我跟在男人身後，走出了等候室。來到一家料理屋，男人對老闆娘不知說了些什麼，老闆娘隨即招呼我，「進來吧，進來休息一下吧。」

無可奈何，我也只好跟著那男人上了二樓。

綁著紅色袖帶的女服務生，拿來兩個坐墊與菸灰缸。

這是要做什麼？我不明白到底怎麼回事。

「那個，快借傘給我吧，再不回去就要天黑了……」我催促著。

然而那個男人若無其事地開始抽起香菸。

「啊，馬上就借妳。我想妳應該肚子餓了，給妳點了天婦羅……」

「不用了，我肚子不餓，現在胸口還不舒服呢。」

「沒關係啊，還有時間……」

方才那個女服務生端來了兩碗丼飯，各擺放在我們兩人面前，隨即下樓。我實在還是噁心難受，但為避免失禮仍拿起筷子吃了幾口，隨即停住，等著男人吃完。

終於，男人用完餐，我等得不耐煩又再次催促他。男人拿著牙籤邊剔牙邊起身，說著：「好啦，正好雨停了！」我感覺得救了。但，就在那瞬間！頭昏眼花，眼前一片黑。

啊，那個惡魔！我拚命掙脫，拚命掙脫，像隻中箭的野獸，拚命跑向狹窄又陡急的樓梯。

我認錯人了！

這件事，直到現在我都未曾與任何人說起。然而，我就要從這個世界消逝的現在，似乎也沒必要隱瞞了。我想，這件事對我的生活或思想，都造成莫大的影響，因此必須坦誠說出。法官把此事作為觀察我的一項素材固然重要，但為闡明更大的真理，尤其必要。

性的漩渦

我回到母親的娘家。一如父親的家不是我的家，這裡也不是我真正的家。我根本無安身之處，不過是個寄宿者，且血緣骨肉間相互對立的氛圍徒增我的窒息感。

唯一可以鬆口氣的，只有小舅元榮的寺院。因而，我日日不明所以的一直一直往小舅的寺院去。無論夜晚也無論白天，我就像住在寺院裡。

不用說，千代也經常來小舅的寺院。千代打從內心愛慕著小舅。

不過，那時有人來向千代提親。不，是向千代的父親——她相差五十歲的哥哥。

某日，千代嫁到石和的姐姐突然來了電報。千代趕緊換上外出服出門，去了才知道也不是什麼大事，就是東京來了客人，被派去端茶、送上點心。不久之後，才知道那個客人與姐姐夫婦，是為了千代的婚事。

儘管有自己喜歡的人，但終究不得自由選擇自己的丈夫，千代猶如奴隸、物品般，就要被賣掉了。

千代非常憂煩，痛苦得消瘦了。她向小舅道出原委，希望知道有無拒絕的辦法。但，原本最具關鍵的小舅，對千代似乎已不若以前熱情了，當然也無意與千代結婚。

即使千代訴諸真心，小舅也不為所動，僅是給予道義上的安慰。

「真是悲傷啊，不僅是妳，我也很痛苦。」小舅如此說道，隨即又說：「不過我們的力量都太薄弱了，不能改變什麼，這就是命運，所有人都無法屏除在命運之外……」

可憐的千代！只能被迫接受從未見過的男人，無法說好也無法說不。

然而，儘管如此，千代與小舅日後依舊維持著那樣的關係。

由於我太常進出小舅的寺院，親戚們擔心萬一其他僧侶知道，恐怕會壞了小舅的名聲。

大家要我遠離小舅的同時，也商議為小舅找個好對象，最後決定是母親夫家的二女兒芳江。

芳江的外貌佳，又會裁縫，再加上家世良好，年齡也與小舅相配。

過去，小舅經常造訪母親的夫家，當然也見過芳江。不，不僅見過，似乎也走得頗近。畢竟透過芳江，小舅又認識了她的一位同學，對方寄了情書給小舅，據說最後導致芳江與同學的友情破裂。

來提親的也不止於此，聽說小舅在京都的舊識，也就是奈良鄉下的和尚，希望小舅與他的女兒結婚。

「那個女孩真是美人啊，可惜在奈良的鄉下。」小舅曾這樣對我說。

還有許多女孩也會寫信給小舅。他從不隱瞞，甚至還讀給我聽。

我並未感到妒忌。就像面對某個認識的朋友那般，我是這樣看待小舅的。雖然心中的某個角落，彷彿有著無法填滿的空虛，不斷燃起追求什麼的企圖。

暑假即將結束。

八月的二十六或七日吧，我去了小松屋。那日午後，外祖母也來找阿姨。

當晚，姨丈帶著我與外祖母去看鎮上的活動表演。

表演已經開始了，外祖母與姨丈好不容易坐在觀眾席後的角落，我則因為無處可坐，只得一直站著觀看。

第一幕落幕，我才發現一位戴著藍格紋學生帽的青年，不知何時站在我的身旁。

不久，青年突然對我說話：「抱歉，打擾了，這個是妳的嗎？剛才，我的腳好像踩到什麼，伸手一摸，原來是這個掉了。」

青年手上握著一只賽璐珞束髮簪。我摸了摸自己的頭髮。

「不是，那不是我的。」

「這樣啊，那該怎麼辦啊。」青年喃喃道，然後走到後面，將髮簪放在窗框上，又回到我身旁，悄聲地詢問：「這幕之前，演了什麼啊？」

我覺得有些煩，沒好氣地回答：「忘了，我也是剛來。」隨即專注著畫面。

那青年不以為意，還是不斷攀談。我現在終於可以清楚剖析自己當時的心情了，恐怕是察覺到青年的目的，卻無法斷然轉頭走開吧。那時的我似乎深陷不明所以的憧憬漩渦中。也因此，終於在兩言三語的交談後，隨即把那青年當作早已認識的朋友。

不知不覺，青年大膽地牽起我的手。我當然驚訝，卻也不想撇開。人群喧鬧中，我的確忌諱他人的眼光，不過更察覺自己其實捨不得放手。

青年一邊端詳我，一邊又用力握住我的手，然後突然將一張正方形的硬紙塞入我手中。我默默收下，趁人不注意偷偷放入懷裡。

回程時，趁著出口的燈光，我趕緊拿出來一看。

那是一張金色緣框帶有花紋，有些熟女味的絢麗名片，上面寫著住址，與瀨川這個名字。

暑假結束，我又回到濱松。帶著依依不捨的心情。

與父親他們的隔閡，愈加明顯清楚，讓我覺得悲哀，因此想拋棄這樣的生活，去追求並擁有自己期待的人生。

我給表演活動上相遇的瀨川寫信，只是四、五天了，也不知該寫些什麼，最後學起那些給小舅寫信的女孩的文句，還在信封的寄件人寫上男人的名字。

立刻有了回信。朱鷺色的信封，寄件人是女人的名字，信上還胡亂使用了奇怪的英語。

我又必須去上學了。但，既學不會討厭的裁縫，其他學科也敷衍了事，顯得心煩意亂。於是拜託父親讓我去東京，父親當然不肯。

「笨蛋，妳可是個女人啊！」父親訓斥我，接著照例端出他的人生哲學訓話。

「東京可不是年輕女孩輕易可去的地方。這個世間，可不像妳想的那麼簡單，男人不過向女人問個路，世人可就立刻以有色眼鏡來看待。妳想想看一個女人，只要被傳了一次那種流言八卦，人生可就完了。根本重創啊。我可不能讓妳想去哪就去哪，畢竟是由我在照顧妳，就我的責任，絕對不允許那樣的事。」

父親早已忘了自己曾做過的事，再者，他任意規定的事，在我看來，只不過是絕對的權威罷了。

我必須永遠待在父親的壓制底下嗎？不僅不能讀自己想讀的書，即使偶爾聽個演講也要遭到禁止，這般蠻橫，難道要我從此封閉自己嗎？

年輕生命企圖延展，也必須向外延展。

終於，我決定不去學校了。未經老師或父親或任何人同意，我從那個討厭至極的裁縫學校退學。

當然，父親暴怒。不過，我已經不想聽從他的話了。不，是不願屈服他的專制。我必須自己守護自己。於是，我又再回到家鄉。

然而，外祖父他們也不許我再去小舅的寺院。我被帶到小松屋，再度被迫參加鎮上的裁縫私塾。

逃出一個地獄，卻又被押入另一個地獄。而我終究不是一個獨立的個體，缺乏朝向自己道路的條件，只得被牽制在不是我的生活裡。

這般境遇，我應該苛責自己的自暴自棄嗎？當然，應該苛責。因為我浪費了自己的生命。不過，我仍然希望在面對生命的浪費時，予以自己寬容。畢竟沒有人願意理解我，沒有人願意同情我，只有我能溫柔對待自己啊。

頹廢的我，完全不想做家事。照顧小孩就不用說了，就連自己吃完飯的碗也不洗了。我已失去由衷的勇氣了。

瀨川是中學四年級生，不知是休學還是遭到退學，總之，在我來到小松屋時他已去到東京，在會計學校就讀。我依然與他通信。同時，只要情況許可，我也去找小舅。瀨川寄給我的信，就藏在小舅寺院的壁櫥裡。

小舅送千代一枚她想要的珍珠戒指，作為分手禮物，象徵兩人的關係永遠結束。

十一月中旬，千代終於嫁人了。雖在東京舉行儀式，不過，還是有幾位村民在圓光寺辦了簡單的餞別會，大家帶來鹽鯖魚或煮牛蒡等，為千代祝福而興高采烈。

主角千代的臉色反而陰沉難看。

「從未見過這樣的新娘子啊，就算這裡是寺院，可不是在辦喪禮啊。」

圓光寺和尚在千代面前叨念著，但千代的面色愈顯凝重。的確啊，這不是千代的喪禮，又是什麼呢？

那一夜，千代悄悄起身，給小舅寫了一封最後、永遠的訣別信。翌日，我去到圓光寺時，她把我帶到無人的陰暗房間，說：「文子，幫我拿著這個！」然後把信交給我。

千代的眼睛都哭腫了，想必是流了許多眼淚。我十分同情千代，抱著她也哭了。

嫁了人的千代，半年後仍給小舅寫信。小舅若無其事地打開，隨意讀完後說：「哼……把人當笨蛋啊！」模樣既非生氣也非落寞，苦笑地把信丟到我面前。

信中大致敘述了新家的生活，家中有女傭外，還有學生或護士，以及很多患者，生活多采多姿，大家都喚她夫人。

千代似乎已忘卻半個月前的煩悶，非常滿意現在的新生活。

即將年底的二十八、九日吧，瀨川從會計學校的速成科結業，返回家鄉。瀨川的家距離小松屋不遠，我們早晚必然碰到面。不過，儘管我的生活如何腐敗，白天依然得去學習裁縫或幫忙家務，因而瀨川也不敢來找我玩。入夜後，他在小松屋的玻璃門外吹口哨，或在暗夜裡點燃香菸，當作給我的暗號，於是我便編了個理由出門。偶爾家人也不准，不過我還是可以從後門溜走。

冬夜寒冷，就連呼吸也要結凍了，然而血氣方剛的我們一點也不退縮。兩人包裹著一條毯子，走在陰暗的村落街道上，或到附近的寺院遊蕩，甚至潛入廣闊幽暗的本殿內，大膽地親吻或擁抱。

約有半個月的時間，我幾乎每晚都溜出門，與瀨川廝混到凌晨二時或三時。

儘管生活如此糜爛，我卻未放棄自己真正的期盼與目的。

真正的期盼！真正的目的！

那就是可以讀更多各式各樣的書，知道更多不同的事，讓自己的生命得以盡情伸展、茁壯。但我是如此貧困，該如何是好呢？左思右想，我決定去讀縣立的女子師範學校，將來成為學校老師，經濟獨立後，就可以鑽研自己喜歡的學問。師範學校用的是公費，家裡只需補助少許。

於是我又去拜託小舅，他答應資助不足的費用。我開始拚命準備考試。入學考試終於迫近，我取得了學校的規章與入學申請書。

拿著申請書去見小舅，不料他似乎顯得不耐煩。

「申請書！」小舅煩躁地對著我說，「嗯，師範的申請書啊。我考慮了一下，希望妳還是放棄吧。我的想法是，文子啊妳還是回到濱松的爸爸家吧！」

「為什麼？」小舅突如其來的話語令我愕然

「也沒有什麼為什麼啊。」小舅露出些許笑容，隨即又陰沉的說道，「總之，妳之後會明白原因，今天就先回去吧，我要忙了……」

我何等失望啊，那唯一的活路！現在完全被截斷了嗎？我連眼淚都流不出來了。

隔天，小舅帶著外祖母來到小松屋，還買了兩張到濱松的車票，讓我與外祖母搭上列車。

「發生什麼事了？奶奶。」列車上我問外祖母，但她怎麼都不肯告訴我。

「我也不知道什麼事啊，不過，元榮說他兩、三天後會過來，到時候應該就知道了吧。」

外祖母肯定知道什麼，我又問：「那麼，奶奶為何跟我一起呢？」

「不為什麼啊，是元榮要我帶著妳，而且我也好久沒見到妳阿姨了……」

我不再追問，只感覺似乎會有什麼大事要發生。

先前與父親吵架才離家出走，但見外祖母一道回來，父親也不敢多說什麼。阿姨見到外祖母，更是歡喜得不得了。

終於小舅來了。與父親開始喝酒，外祖母在一旁，我則待在別的房間。小舅開始輕聲與父親說話，我豎耳偷聽，卻什麼也聽不到。僅偶爾聽到父親生氣地大叫「那個笨蛋」或「把那個傢伙帶來這裡」。

談話結束，小舅也不過夜，立即準備回去。

我去到玄關送小舅，他對我說：「我什麼都告訴妳父親了，之後要好好聽他的話。」

送走小舅，我還坐在玄關的榻榻米上，尚未起身，父親就已忍受不住朝我猛踢：

「妳這個畜生！妓女！」

我立刻氣憤地向父親狂吼，「什麼啊？我到底做了什麼啊？」

「什麼？妳給我捫心自問，自己做了什麼了不起的事，知道了吧，如果還是不知道，我就給妳打到知道為止。」父親又再度猛踢我的腳。

阿姨衝了出來，抓住父親的手臂，用她的身體擋在我的面前。

「好啦，別打了，待會我再好好說她就是了……」外祖母也怯弱地阻擋著父親。

父親離開後，阿姨趕緊把我拉了起來，掀開袖子看有無傷勢，接著幫我揉揉肩膀。

我趕緊問阿姨：「小舅到底說了我什麼？」

「總歸就是妳父親的錯。」阿姨看著我與外祖母說道，「哪有舅舅與外甥女結為夫妻的，沒有這種道理，妳父親只為了貪圖元榮寺院的財產，才會做此決定。總之，元榮是來取消與妳的婚事。」阿姨半嘲弄的說道，「他還列舉妳做的許多事，像是與不良少年通信、夜遊、如何輕率行事之類的。」

我已經完全明白了，也無需再問、再說了。

打從四、五歲開始，就在家庭教育中領會紊亂的性的我，進而誘發出不自然的性欲，那樣的我終於也來到十六、七歲了，有時難免受到就連自己也不明所以的力量牽引，懷抱著憧憬，或秘密藏著某種罪惡感。然而，父親或小舅又有何資格說我呢？你們自己何不先反省自己的所作所為！

我不過是做了父親、小舅同樣做過的事，不，只是稍微模仿罷了。小舅任意把我當玩具，父親把我當工具，難道他們毫無責任可言嗎？

幼小被他連同她母親一起丟棄的孩子，十年後一見到面，就急著揮舞父權，把孩子當物品，私自與財神交易買賣，一旦不如己意，便叫罵自己的孩子「畜生」，毫不認為自己有何責任或罪惡。

轉變啊，我等待著，徹底改變我生活的轉變啊。

即使發生這樣的事，我卻並未被父親趕出家門，也還未能真正掌握未來，自己終究也不敢主動離開。

然而，分離的那一刻終究還是來到了。

原本只不過是件小事，是關於弟弟小賢的事。

父親與母親分開，我由母親養大，弟弟則跟著父親，不過那是基於父母親的協議，直到弟弟三歲才被父親帶走。

小賢離開了母親，由阿姨替代母職，加以照顧。弟弟也經歷了相當的困苦，但幸好阿姨非常獨立，所以不似我坎坷。

阿姨非常疼愛小賢，待他猶如親生。小賢來到可以上學的年紀，照例因無身分者的緣故無法入學，阿姨不顧父親反對，堅決以自己的私生子報戶口，讓他終於得以上學。

不過，在父親偏差的教育觀念之下，小賢也絕非稱得上幸福。小賢與我不同，儘管身材高大，但對陌生人幾乎不敢說話，是個非常內向又溫和的孩子。擅長習字、繪圖，數學等成績則很差，總體來說，還稱不上中上程度。然而，父親毫不考慮小賢的個性，也不考量自己的財力，僅是一味強迫小賢上大學讀法律，要他出人頭地。對父親而言，了解法律的人才是世上最了不起的人。因此，總是強迫不想向學的小賢努力讀書，時而乾脆坐在小賢面前，看著他閱讀、算術，稍微讀錯或解不開題目，劈頭就罵，動手就打。

基於讓小賢上大學成為律師，幸運的話將來當上司法大臣或總理大臣的想法，父親也要小賢去上中學。大約在我打算讀女子師範的同時，小賢參加了縣立中學的入學考試，並且考取了。

父親喜不自勝，要阿姨煮紅豆飯，慶祝小賢光耀門楣。當然，他也開心得喝了比往常更多的酒。接著，依照慣例要大家坐在系圖前，開始說教。

翌日，父親帶著小賢去鎮上，準備拿和服典當籌錢，好為小賢入學做準備。

一週後，訂製的鞋子送到。父親拿起那鞋子仔細端詳，並對小賢說：「小賢啊，你也知道有八日圓與十二日圓的兩款，我硬是給你做了十二日圓的。」

小賢很高興，穿著那鞋子去了學校。但，回來時，突然對父親怒吼：「爸爸你說謊！」

「怎麼了？」

「我的鞋子根本不是最好的那款，而是便宜的，不是嗎？梅田的與鈴木的都是八日圓，跟我的一模一樣。十二日圓的，分明縫製得更仔細，皮革也更上等。」

父親為了掩飾羞愧，開始咳嗽，待冷靜後又說：「不是的……爸爸再窮也不會讓你丟臉，爸爸真的付了十二日圓。」

事實上，正如小賢所說的。

父親生平，皆以金錢作為衡量物質的標準。買東西，先打聽價錢，由此決定物品的好壞。若是出去購物回來，也不肯對妻子或孩子說出真實的買價，硬是要少個兩成、三成，或誇大兩倍、三倍。

我對父親這種劣根性由衷的反感，每回總會忍不住勃然大怒。

我大聲地喃喃道：「像爸爸那種愛慕虛榮的人，這是理所當然的，明明只買得起八日圓的鞋子，偏偏跟家人吹噓是十二日圓的……與其撒這種無聊的謊，為何不告誡孩子，不是穿好鞋子才了不起呢？」

父親突然出現，隨即把我踢倒。

「閉嘴！竟敢對父母親說出這種不敬的話。像妳這種不肖子，不要待在我家了，給我出去，現在就出去！自從妳來這個家之後，家裡就經常吵鬧。不能再任由妳攪亂了，給我出去，出去，現在立刻滾出去……！」

「好了，你別說得太過分了！」阿姨阻止父親說下去。

但是，父親愈發罵個不停。

「妳被從朝鮮趕回來，也是理所應當。朝鮮那些人沒有不對，全都是妳的錯。任性、固執、乖僻……這個樣子，誰想要照顧妳啊，被趕出去也是應該的。總之，我不想讓妳這種不肖子待在我家。對小賢的教育沒有幫助。滾出去，現在就出去！」

父親抓著我的頭髮與衣襟拖拉我離開房間。

的確如父親所言，「妳來了之後，這個家就吵鬧不休」，我與父親之間，一直以來水火不容，再加上小舅一事，我們徹底宛若敵人，已至非得一方斃命方休的地步了。我明白，我會離開父親的家，也始終等待著，而現在終於到來了。

永別了，父親

「妳現在離家，親戚會以為是我虐待妳啊，暫時委屈待在家裡吧！」阿姨制止我出走。

不過，我決心到東京去，至於去到東京，做些什麼呢？找誰幫忙？我實在毫無頭緒。如今只能先做再說了，什麼都好，就是去瞧瞧。打定主意離開的前一日才告知父親，不是商量，而是宣示。

「明天，我要去東京了。」

翌日清晨，一個人離開了父親的家。

那時懷裡僅有車資十日圓左右。

既未帶上一張桌子，也無一床棉被，無論將來是風、是雨、是寒冷，一切都只能靠自己的身軀抵擋防禦了。不過，我不害怕。我的肉身滿是膨脹到快爆裂的決意。十七歲的春天。

永別了，阿姨、弟弟、外祖母、外祖父、小舅，過去以來關係裡所發生的一切，都結束了，是訣別的時刻了。

前往東京！

前往東京！前往東京！

對於志在開拓自我，尤其企圖以讀書上學功成名就者，再沒有比東京更具誘惑力了。這兒，既有億萬家產資助下的青年男女，也有像我這般，連旅費都不夠的窮人，大家都被東京所吸引。

東京的生活，當真如此令人歆羨、符合理想嗎？我不知道，不過，對一無所知的年輕孩子來說，唯有東京等同世界樂園，能滿足他們想望的一切。

去到東京！去到東京！

啊，憧憬的東京啊，我相信，無論多少辛勞，無論有何試煉，你肯定能讓我達成願望。

自出生落地，我就是不幸的。在橫濱、山梨、朝鮮、濱松，我始終受到壓抑，不得擁有自我。然而，如今，我感謝過去的一切，那些盡其所能令我受苦的命運，我也一併感謝。如果我得以自由自在地長大，恐怕就毫不猶豫地沿襲了那些我所討厭、輕藐的思想、性格或生活，最終還是沒有自我吧。

十七歲，可以獨立的年紀了，是的，我必須開拓、創造自我，而東京就是我的蠻荒曠野。

前往東京啊！前往東京！

叔公的家

抵達東京後，即刻前往目的地三之輪的叔公家。

不過，行前我並未先寫信致意，從沒有人教我如何以書信交涉。但我相信，叔公不至於棄我不顧。果然，他們接納了死皮賴臉的我。

只是叔公一家對我來東京的目的，並不表贊成與協助。每晚必定喝酒的叔公，總會要我坐在身旁，孜孜不倦地說教。

「喂，小文啊，妳可要好好考慮啊。妳現在，傻呼呼地想讀書上學，即使半工半讀後，好吧終於當上老師，一個月月薪最多也不過五十日圓、六十日圓吧？可以生活下去嗎？一個人或許還行，但是，等到嫁人，懷了孩子，總不能挺著大肚子去學校吧，人家可是會說閒話。這條路終究行不通的。所以，我想啊，既然妳要待在我家，還是去學裁縫吧，有一天可以嫁個老實的商人，過上好日子。不管怎麼說，如今這個社會看的都是錢啊。做學問，無法出人頭地的。」

我了解叔公的心情，身為這樣的人，當然有這樣的觀念，他能坦白告訴我，我由衷感謝。然而，我畢竟無法遵從叔公的忠告：「謝謝，不過像我這樣的女人，不可能成為什麼商人的妻子……請讓我照著自己的想法去做吧。我是抱著決心，才來到這裡的……」

「這樣啊。」叔公略顯不快地說道，「既然這樣，就隨妳的意了。不過，我可是不會幫妳的！」

於是，為了開拓自己的未來，終於得到街頭闖蕩了。

叔公之所以如此固執地制止我，也是有原因的。那畢竟出於他自身生活經驗的忠告。

叔公是我外祖父的第三個弟弟，年輕時被送給鄰村的小酒屋當養子。不過，他並不戀棧鄉下，遂帶著家人來到東京。起初，他也是想讀書求功名，可惜未能如意。最後不知什麼因緣，做起了古著店生意。

叔公並非擁有卓越的商業手腕，屢屢經過失敗，讓他凡事小心謹慎、提防，幾年下來終於積下吃穿至少不虞的小錢，一步步走到如今的地位。

當然，「命運」也有推波助瀾。

當叔公一有了錢，妻子便開始揮霍。叔公想保有男人顏面，卻也不能不擔心家計，畢竟育有三個孩子，最後只得斷然與妻子離婚。之後，娶了孩子們的後母，女人非常勤勉，擅長持家，於是叔公家益發寬裕。

兩個小孩，大的是女孩，小的是男孩。由於男孩年紀尚小，便為名叫花枝的女兒找了入贅的夫婿，作為繼承者。這位女婿與叔公不遑相讓，同樣儉省，於是這個家變得更加繁榮了。

兜售報紙

叨擾叔公家期間，我一邊尋找自己的活路。

大約來東京一個月了，有天毫無目的地在市內閒晃，想著有無半工半讀的方法，突然看見電線杆貼著「苦學奮鬥之士來吧——螢雪舍」傳單。果然是剛從鄉下來的，簡直如獲至寶，不斷跟著複誦：苦學奮鬥之士來吧！尤其鍾愛「螢雪舍」這個名字。於是立刻前往。

螢雪舍位在上野廣小路附近的上野町小巷內，原來是報紙零售商，掛著「白旗報紙店」的招牌。

入口是玻璃門，三坪大的泥巴地上擺著兩張桌子，幾個年輕人坐在那裡像在查帳簿。

「不好意思！」我微微緊張地打開玻璃門。

有人抬起頭，不友善地看著我。

「那個，我是來應徵的，老闆在嗎？」

不久，出來一位肥胖、紅臉的男人。

我拜託老闆，說自己想讀書，請雇用我。老闆打量了我一會兒，冷淡地說：「非常辛苦啊，女生無法勝任的辛苦！」

我心想，無論多苦，自己都無所謂，再者，也找不到更適合的地方了，非要老闆錄取不可。

不過，老闆還是不肯答應。

「我用過兩、三個女生啊，都做不久。而且，女生來了之後，常與男生牽扯不清……」

「不會的！」我充滿熱情地自白，「過往我的生活也是非常辛苦，只要想著那些，我什麼都願意做。而且，如您所見，我是個像男人的女生，與男生之間絕不會發生麻煩的事。」

老闆幾番考慮後，終於打定主意：「那麼，妳就先做做看吧。妳隨時都可以過來。」老闆接著又明快地決定，「現在，這裡有十個人，全是男生，大家都同住在前面那個屋子。但是，妳是女生，總不能睡在那裡，住在這裡可以吧？不過，會從妳每月的收入扣掉包含食費、租屋費、棉被費等。工作地點，生意最好的三橋賣場就由妳來接手。這麼一來，妳也可以輕鬆攢到上學的費用了。」

我開心得宛如飛上天，立刻回到三之輪的叔公家，打包自己的行囊，前往白旗報紙店。

翌日傍晚，我即外出賣報。

老闆娘背著孩子，帶我到三橋的賣場，一一教導如何擔箱子、摺報紙、招呼客人。然後，老闆娘告訴我販售上值得留意的一點。

「聽好，客人只會說給我報紙，千萬別問想要哪種報紙。報紙雖有九家，就趕緊默默遞上《東京晚報》。大部分的客人都會收下就走了，如果客人說不要，才問客人想要哪種的。聽好啊……《東京晚報》是我們店的特約，得多賣才行……」

比起其他報紙，《東京晚報》的佣金較優渥，因而必須盡量銷售出去。不過，那其實是非常困難的事，畢竟是銷路不佳的報紙，得趁天尚未黑，盡可能賣掉，否則就完蛋了。

一來到白旗報紙店，我就向老闆借了入學費及其他費用，開始上學。老闆推薦我去女學校，不過我已厭煩女學校了。我暗自想著，專攻英數漢三科目，先通過女學校畢業的檢定考試，再升學女子醫專。於是取出在濱松時剪下的報紙，決定學習英語去神田的正則，數學則是研數學館，漢文是麴町的二松學舍。

由於時間上無法配合，二松學舍儘管繳了學費仍無法出席。至於，研數學館則進入代數的初等科就讀，正則是日間部的一年級。

無論是正則或研數學館，幾乎無女學生。我為何刻意選擇與男學生一起上學的學校呢？就是為了得以擁有自我的生活，不想捲入女人之間諸如打扮競爭等紛擾中。另外，從濱松的女學校得到的經驗，僅收女學生的學校，通常程度既低，無論學生或老師對學習毫無熱誠。再者，去到有男學生的學校與男生齊肩學習，也是出於不想輸給男生的報復心態，並有助於自己尚未意識到的某種虛榮心。

白旗報紙店，也就是螢雪舍，同我這般半工半讀的學生，有一名叫藤田的青年，另一個不知姓名，在東京中學就讀。身材高大卻總是無精打采的吉田，在國民英學會夜間部上課；又矮又胖且口吃的奧山，讀電機學校的下午班。其他分別是，錦城中學一位，普及英語兩位，正則的預備校應考科一位，大家各自選了期望的學校。白天上學的負責晚報，上夜間部的專攻早報，所以儘管同一家店工作，一連三、五天說不到話是常有的事。

除了這些苦學生，也有三、四名普通的賣報員。

一位綽號「腕的喜三郎」的男子，年約三十二左右，過去在紡織工廠做工，不小心被機器夾到，失去了右手腕。還有一位身障男子，脖子老是骯髒不潔，斜視又跛腳，左手顫抖得不聽使喚。另一位蓄著紅長髮，總是把頭髮盤在頭頂上，是個看似五十歲以上的大叔，大家都喚他「長髮」，每回工作結束必定去喝便宜的酒，然後喧鬧吹噓，不過卻是個善良的人，特別照顧年輕的賣報生，大家都很喜歡他。

苦學生大都是依照佣金賣報，前述的那三位則是自己買下報紙再轉賣，報紙店再以舊報紙一張二釐的價格回收賣剩的報紙。儘管條件看似優渥，但也常被驅趕到生意不好的地區，或稍有大意，甚至可能掙不到錢。

上野的三橋，禁止搖鈴兜售，因此，我必須大聲喊著晚報、晚報，以吸引客人注意。起初，總發不出聲音，即使已經扯破喉嚨了。足足十天之後，我才終於可以輕鬆叫賣。

早上去正則，上課到中午，之後再到研數學館上課到三點，回來趕緊隨便吃些冷飯，四點背上報箱到達三橋附近。

那時是夏天，黃昏時分的太陽依然猛烈，身體淨是汗水與泥沙，又必須大聲叫賣，經常喉嚨乾渴得不知如何是好。

我強忍著痛苦，以希望克服那些痛苦。

某日，蕎麥麵店的女服務生來買報紙，說她想換零錢，我也爽快答應了。女服務生同情地對我說：「很熱吧，而且不是普通的熱呢！」「嗯！」我感謝地回答她，「不只是熱，喉嚨渴到發不出聲音啊！」女服務生回店裡拿來一個瓶子與碗，為我裝滿煮蕎麥麵的湯水。「謝謝，謝謝啊！」我不斷道謝。喝了後果然恢復精神，又能繼續叫賣。不過，取而代之的，之後女服務生即使是三、四日圓也會來換零錢，我不得不換給她。

如此約過了半個月吧。某個夜裡，回到店，老闆娘一如平常檢查我的營收，接著不高興地說：「金子，妳的錢老是大錢，為什麼？不是說過，不賣給拿一日圓紙鈔來買一張或兩張報紙的人嗎！」

我說了原委，老闆娘卻不願體諒，說：「這樣我們也很困擾啊……店裡也是需要零錢的，以後妳可別再任意給人換錢了，拜託！」

關於這件事，老闆娘自有她的理由，因為她的職責就是把賣報員帶回的零錢拿去換鈔店，以核算佣金。然而，我尚不明白這些道理。

我們的工作時間——賣報時間——從午後四點至凌晨十二點半，共八個小時。工作期間內一直站或走，相當疲累。七時左右人潮既多，又正值讀晚報的時間，所以報紙賣得最好，因此也常忙亂得忘了疲累，一到九點、十點，精神一鬆懈，自然就不行了。我經常靠著電線杆稍作休息，有時甚至就那樣睡著了。

下雨的日子更是難受。客人都搭車回家了，人們也不太出門，即使有行人，也無暇買報。那時候，不僅報紙賣不出去，還經常因見到行人的木屐斷了鞋帶，同情地撕了布巾幫忙重新繫上鞋帶。

不過，有趣的是，我這基於不做難受的心態，竟讓對方深受感動，硬是塞了紙鈔在我的報箱。也可能不僅僅感謝，而是對年輕女學生的同情、可憐吧。

喜三郎告訴我，這些特別的收入，可是賣報生享有的特權。因此，缺錢時，我會把這些錢藏進自己的口袋，否則都原封不動交給老闆。老闆在精算紙鈔與營收時，會把多出的錢再還給我，不過老闆娘可不如此。不見個四、五錢，老闆娘可就會抱怨，多出來時則佯裝不知情，藏進自己的金庫裡。

我負責的賣場附近，總有各種路邊集會，尤其每週必有一次救世軍的演說。有時出現戴著制服帽的團體，手持寫有「佛教救世軍」的提燈，唱著「王法為本之旗色」歌曲，以對抗救世軍的歌聲與聲勢浩大的鈴鼓聲。偶爾也有社會主義的團體，連提燈也沒有，一來就從懷裡掏出傳單，張貼在雞肉火鍋店旁的牆壁上，激動地抖動長髮，揮舞手腕，聲嘶力竭的演說。時而這三組人會爭吵打架，或是千方百計阻撓對方的演說。每回起爭端，總吸引了路人的目光，導致我的報紙賣不出去。

那晚，我又因報紙賣不掉而頹廢喪志，背著報箱茫然聽著演說，結果走來一位青年。

「妳是從白旗來的吧？」他問。

我有些驚訝，不過坦承回覆：「嗯，是的。」

「這樣啊，我是原口，以前也待過白旗，幫我跟大家打聲招呼！」

然後他遞給我一張傳單，上面寫著「俄國革命」什麼的。

四、五天後的晚上，那個團體又來演說了。結束後，他們手持《世界變成社會主義的話》冊子，遊說聽眾購買。

何謂社會主義，我一無所知，但有種非買不可的感覺，於是小聲地說：「請給我一本！」

「好！四十錢。」男子拿了一本遞給我。

結果，那個名叫原口的青年聽聞後，對男子說：「喂，像她這樣應該就是同伴。給她原價吧！」

「嗯，好啊，就這麼辦！」那個男子表示贊同，跟我說二十錢就好。

原來，不知不覺我成為「同伴」了。當初遞給我冊子的，就是之後在米村被殺害的高尾，那個團體即是後來巢鴨的勞動社。

某夜，我才出來賣報，突然就下起暴雨，而且近一個小時。路上不見行人，報紙根本賣不出去，來到十點，報紙竟還剩下半數以上。我還是拚命地賣，沙啞地喊著：「晚報！晚報！」

那一夜，時間過得特別漫長。愈晚，人跡愈少。已經賣不掉了，一直站在這裡也不是辦法，回去吧，我心裡想著。

回到家，腳才踏上家門前的水溝板，就聽到老闆從二樓叫喊著：「是誰？是誰現在回來了？」

老闆與客人拿著啤酒對坐著。

「金子，還很早啊，不是不到十一點嗎？還沒有人回來呢，妳待的地方明明最好的，實在沒道理第一個回來啊！」

「嗯，但是，實在賣不掉，傍晚下了暴雨，根本沒有人。」

我委屈地說道，不過，老闆毫不同情。

「當然偶爾也有賣不好的日子啊。不過，這個時候妳把那麼好的地方給我空著，實在讓人很困擾啊，就算賣不掉，在規定時間內也得忍耐站在那裡啊！」

我只得又回去。但也無勇氣叫賣，偶爾喊了一、兩聲，猶如哭泣，更顯得自己的悲慘。

從廣小路方面駛來一輛空的人力車，停在我面前，年輕的車夫緩緩放下車桿，對我說：「不好意思，給我兩、三張報紙吧！」

「好，要什麼報呢？」

「什麼都好……」

對方分明是同情我。

那人戴著學生帽，不過以白紙遮去了校徽，想必同樣也是苦學生。

「你也在上學，是吧，哪間學校？」

對方僅是笑而不語，我反覆又問了兩、三回，他才終於回答：「與妳同一學校，同一班啊！」

什麼？同一學校？同一班？

「是啊，也許是妳沒發現，我可是知道妳的。妳在學校經常打瞌睡，我猜妳肯定也是半工半讀的苦學生。然後，剛剛就在這裡，瞧見妳在賣晚報。」

我們聊了起來。

他叫伊藤，是附近救世軍的軍人——換言之，是基督教徒。曾是麻布的獸醫學校學生，因為繳不起學費又生病只得休學，為了趕上下學年的課業，才進入研數學館的代數科就讀。學校裡只有我一個女生，自然特別矚目。

伊藤警告我：「這個工作真是辛苦、疲累啊。而且，漸漸的心靈會變得空虛。還是換個工作比較好。萬一有什麼需要，可以找我商量。我也許無法萬能，但只要辦得到的事，都願意幫忙啊……」

正值悲傷又寂寞，聽了這些話，不禁高興得想哭。在滿懷感謝下，我們就此暫別。

白旗報紙店打著給予苦學生工讀的招牌，事實上，是邀得一群為它拚命的苦學生。諸如我這樣，自己一點辦法也沒有，對給予機會的白旗老闆，甚至應該滿懷感激。原本並不覺得這一切有何不妥。但如果白旗老闆認為，是我救了你們，你們理應照我的指示工作下去，那恐怕就缺乏正當性了。畢竟，也是苦學生撐起白旗老闆的生活經濟。這是不爭的事實。在我看來，白旗老闆得到的甚至比付出的多太多了。

而我在白旗報紙店的生活，究竟又是如何呢？

首先，下午四點出去賣報，十二點回到家，但也無法立刻去睡，因為大家還在我房間檢查回來的人的營業額。若是白旗老闆的話，他會挪出房間的某個角落讓我先休息。換成老闆娘可不那樣，到處散落報紙，說話又大聲，根本無法睡覺，我只得到廚房淘洗明早要用的米，順便清洗從早放到晚那些用過的餐具。這些工作老闆娘後來乾脆都讓我做了。真正就寢往往已是一點或兩點。但是，第二天早晨七時，我就得起床了。

起床後，打掃房間、準備餐食，轉眼就八點了。而我的學校八點開始上課，八點出門，搭電車需要三十分鐘，以至於第一節課總是遲了。特別是老闆娘會要我帶她兩個幼稚園的孩子同行，萬一孩子胡鬧任性的話，就連第二節課也來不及了。

正則的課至中午，中午又去到研數學館至三點，回家後必須立刻出去工作。渾身汗水與灰塵，深夜十二點回到家，無澡堂可洗澡，原本可以好好休息的週日，卻一整天耗在清洗身體，以及囤積下來的髒衣物，依然無暇休息。

生活不勝負荷，睡眠不足之下，去到學校就打瞌睡，老師到底說了些什麼，一無所知，也不知該如何做筆記。

起初，我對白旗老闆發誓，再辛苦都會堅持到底。如今，任憑我的意志如何堅定，身體怎麼也追不上。

想向學，必須過著如此辛苦的生活，必須超越這種痛苦，然而，連求學都困難了，還有意義嗎！

我決心離開白旗報紙店。不過，連同學費、衣裝費等，總共向老闆借了十二、三日圓，既然要離開，就得還錢，現在的我實在辦不到。

車夫伊藤說：「你待在那樣的地方，仰人鼻息，既讀不了書，也墮落了心靈。

趕緊離開，獨立自主吧。」不過，與他說了原委，希望他幫忙借錢，原口卻一口回絕了：「我不碰借錢的事啊！」

就在等待時機的某一天，白旗老闆嚴肅的質問我：「金子，聽說妳正計畫要離開這裡，真的嗎？」

被這麼一問，反倒無法說謊了。

「嗯，我疲倦得不管讀書或任何事都做不好了，想說把借來的錢還清後，休息一下……」

「這樣啊，我一開始不就警告妳了嘛！」白旗老闆臉色更加凝重，「沒問題，妳要走就走吧，不過我們這裡也有規定，限妳明天就走！」

被這麼一說，我也只能回答：「是的！」不過，該怎麼辦呢？身無分文，又還未找到工作……

明天必須離開的我，在白旗老闆的命令下，那晚又去到銷售最差的本鄉三丁目街角賣報，導致平白多出了五十錢左右的債務。

被老闆趕了出去，本以為那些借款從此一筆勾銷，不料，聽說我一離開，老闆立刻搭了人力車到三之輪的叔公家，說了許多我的壞話，並威脅叔公立刻還錢。叔公礙於情理付了款。為此，我被嬸婆嫌惡，還得向叔公賠罪。

擺攤做生意

離開白旗報紙店那天，已是傍晚時分。

我根本無處可去，碰巧又下起雨來，只得呆站在松坂屋入口的石階上。

後來只得透過伊藤，拜託曾見過一、兩次面，住在黑門町的救世軍小隊長秋原，才得以留宿一晚。

由於無傘，我捲起和服的下襬，踩著矮木屐，一路踏著水窪與泥濘，尋到小隊長的家。

不知週三還是週四，若往常應該是門戶深鎖，或許也因為什麼聚會吧，屋內閃耀著燈光，傳來許多人的說話聲。

我不禁有些猶豫，在門口踱步了一會兒，才決心走進去。

屋內約有三十人坐在一排排長椅上，伊藤坐在最前方，是他第一個認出我來。

「我終於被趕了出來！」我看著伊藤說道。

伊藤把我帶到角落，說：「那些事，往後再慢慢說。今晚，K少校從神田本部來這裡舉行特別講道，所以臨時有聚會。快開始了，妳來得正好，先坐下聽吧。」

我在伊藤的引領下，坐到婦女席的位子上。伊藤拿來小小的聖經與讚美歌集，為我翻開頁面，然後回到他的座位。

我根本讀不下去，不安在心中亂竄，恐懼傾巢而出。

聚會開始，大家時而祈禱，時而唱起讚美歌。對我來說，這一切都很陌生。我僅僅跟著大家一起低頭，一起起身。待心情終於沉穩下來，似乎聽懂少校所說的，講道卻已來到尾聲。然而，講道之後的讚美歌，猶如大浪般充滿力量的旋律，突然將我帶往無限廣闊的地方，而我彷彿就站在浪頭上。

接著是少校充滿感恩的禱告，並代替受苦的靈魂祈求救贖。接著，是信徒們的

「見證」。一位看似店員的青年站起來表示，他曾懷抱宛如死去般的痛苦，完全因信仰得到解脫。我身旁的老婆婆也說：「我啊，因耶穌而得到拯救，真是幸福啊！」大家紛紛同聲：「阿們！」「耶和華！」「是啊，主啊！」伊藤走了出來，跪在桌腳。他奉主耶穌之名為我禱告，祈求我得到拯救。

我突然有股奇異的感覺，彷彿眼前有著什麼值得仰賴的召喚，莫名的力量牽引著我，等到回過神，我竟已爬到小隊長腳下，趴在地板上哭個不停。

小隊長握著我的手腕，喊著：「阿們！」然後擁抱我起身，詢問許多事。我一邊哭泣，一邊回答，小隊長一一記錄在本子上，最後說：「大家，請為這位得救的姐妹禱告吧！」隨即跪下，發出令人戰慄的聲音熱切禱告。

我如癡如醉，內心充滿感激，忘卻一切苦惱，與大家一同讚美著主。就那樣，我成了基督徒。

伊藤幫我在湯島的新花町租了一個房間，又介紹我到他認識的皂粉店，批了三、四日圓份的商品，帶著我去夜市擺攤。

地點是神田的鍋町。下午四點或五點，人們正準備晚飯，豆腐販子吹著喇叭穿梭大街小巷。我把伊藤買來的鐵製小洗臉盆、蠟燭台、五六張舊報紙、約三十包的皂粉袋全都塞進棉布包巾裡，準備展開我的生意。

我的賣店就在鍋町電車行經的街角。

賣店一旁是說書俱樂部，擺放著兒童雜誌、彩色浮世繪的舊書攤。再過去則是烤玉米，阿婆坐在箱子上，前面擺著炭火。相對面的是古著攤，隔壁有一位蓄著鬍鬚、上了年紀的男人，總把海獅、鐵樹果實等不明物放在檯子上，大聲講述著它們的功效。其他還有賣鋼筆、盆栽、玩具等各式各樣的攤販。

我先向對面的古著攤與隔壁的舊書攤打招呼。

舊書攤的大叔特地來指導我陳列商品，並提醒留意之處。

其實，我並無陳列商品的檯子，只是在地上鋪了四、五張舊報紙，把商品擺在上面。而所謂商品，就只是不到三十袋的皂粉，照明也僅僅靠著微弱的燭火，寒酸到令人側目。

隔壁的大叔果然是有趣且親切的人。他總是喝酒喝得臉潮紅，常常說：「大姐啊，不好意思，幫我看一下吧！」然後把店全權交給我，就不見蹤影。原來又跑去附近的酒館。夜深時分，客人漸少的當兒，大叔會眨眨眼鏡後方的眼睛，拿起攤上的書冊，小聲朗讀。

就這樣我們變成了好朋友、好鄰居。如此一來反而惹得我傷懷，心想，如果他是外祖父或父親的話……

由於我的店陰暗，大多數人沒瞧見，就算發現了，也僅僅一瞥。一整晚下來，營業額大抵五十錢或七十錢，至多一日圓左右。這其中，三成才是我的佣金，根本連吃飯都不夠。也因為如此，進貨數量減少，原本就寒酸的店面，一晚比一晚蕭條。

大叔忍不住對我說：「大姐啊，這樣可不行啊，人啊，就算是買一帖紙，有錢的話，說什麼也想到富麗堂皇的店去買啊。所以啊，不景氣的店會愈加不景氣，興盛的店就愈加興盛。妳如果希望生意好，說什麼也要弄得像樣啊！」

真是如此啊，隨著時間，商品愈來愈少，也益發賣不出去。

收攤大約是十點左右。慢慢徒步走回湯島，到家已過了十一點。門窗深鎖，大家都已入睡。

常常敲了門，低喊：「老闆娘，老闆娘！」叫了幾回，感覺不好意思，乾脆走到神田明神寺內的棚架下睡覺。

因為太累，多半就呼呼入睡，不過時而突然下起雨，不得不起身，偶爾也被巡邏的警察發現，帶到派出所。

總不能這樣繼續下去。我決定拿著現有的商品沿途兜售。

這對仍是新手的我來說，無比困難。每天，放學回到家，立刻換上衣著，抱著商品外出，但終究還是不敢走進人家家門，一路淨想著，這戶人家不會買什麼皂粉的；萬一進去被惡言惡語該如何是好……就那樣，蹣跚徘徊。

持續了四、五天，不僅賣不出東西，連吃食的錢都沒有了。餓著肚子，加上酷暑，身體經常虛弱得頭暈眼花。

已經不是擔心丟臉或被拒絕的時候了，不該再陷入嬌貴的想像或軟弱之中。

無論如何都得賺點食費啊。

某天，就在一條小巷的盡頭，瞧見一位綰著髮髻的女人正在洗衣，身旁跟著七、八歲的男孩。

「真沒看過像你這麼骯髒的小孩，才給你穿新衣服，就變成這樣了。你看，沾到汽油了，根本洗不掉！」

女人一邊責罵男孩，一邊拚命搓揉著白色浴衣。

我毫不猶豫地走向前。

「要不要試試這個，一定可以洗掉的。」我說。

「那麼，請給我一包吧！」太太從懷裡取出錢包，遞給我二十錢。

「謝謝！」

一收下錢，我幾乎連走帶跑地直衝大街，來到那間屢屢觀望許久的糰子店，吃了兩盤糕餅。想要填滿空腹，似乎仍嫌不夠，但至少恢復點氣力了。

此後，敲門拜訪，不再猶豫、膽怯了，只是生意仍然不見好轉。一天能有三十錢，算是最好了，但怎麼也養不活一天的生命，更無力進貨。

毫不歇息的徒步，木屐愈來愈見磨損，經常必須到租屋附近的垃圾堆，找尋被丟棄的女人木屐，甚至男人的木屐。

關於學校，繼續上課的只剩下正則。我已是二年級生，必須早晨七點出門參加暑期的特別講課。

一早起來，先讀一章節聖經，接著跪在牆邊禱告，再出門上學。洗臉盆已賣掉了，無法梳洗，只得中途借用湯島公園廁所的洗手檯。

有錢，繞到昌平橋橋下的簡易食堂吃早餐；沒錢，沿著順天堂經御茶水直到學校去。

幸運的是，參加特別講課的兩、三個女孩中，有個叫河田，總是每天帶一個滿滿的便當給我。河田是住在戶塚附近的社會主義者的妹妹。

窮途末路之下，我還曾經包了冬衣去當鋪，希望可以換點錢。掌櫃邊打量我，邊說：「……是誰介紹妳來的？我們可不跟不認識的人做生意……」

「沒有人介紹我來啊，不過我就住在附近，可以稍微通融嗎……？」

然而，掌櫃完全不理會我。無可奈何，我只好離開。

我將最近、未來派不上用場的代數參考書拿到舊書店，以為至少可以換個七、八十錢，沒想到僅賣得二十錢。之後，看到那本書上貼著一日圓七十錢的標籤，簡直恨透了。

有時也會與伊藤一起去簡易食堂。

伊藤依舊在入夜後做車夫，收入很少，即使如此，在我窮困時，依然縮衣節食送來二十錢、三十錢。偶然遇見了，經常一道去小飯館。

伊藤總是聊著信仰的話題。

「近來妳的信仰如何了呢？」

無論我遇到多麼複雜難解的問題，無論在路邊、屋簷下，伊藤最先要做的一定就是跪下來虔誠禱告。

伊藤對我說，無論如何都要出席週日的禮拜，無論困難或痛苦時都要禱告。他勉勵我：「禱告會賜予妳力量！」但是，力量解決不了我的困境啊，我實在不甚理解伊藤的那些話。雖然還是出席了教會，也努力禱告。

我不相信奇蹟，但我相信伊藤，甚至為了奉獻，早起默默清掃宿舍的廁所。一切都是因為伊藤要我這麼做……

我奉獻給神，奉獻給人們，然而，我卻一無所有。我已經三天沒吃東西了，四處找尋工作不得。而且，不僅如此，我的房租到期了，房東不停來催繳。收拾所剩無幾的行囊，我離開那個家。

想起自己為了擔心擾人，寧願睡在街上；又忙又窮，卻去清掃公共廁所，那些心意什麼也不值。基督教的教義究竟真的嗎？抑或只是欺瞞人心的麻醉劑罷了？在世界尚未變成更宜居的前提下，企圖以人類的誠意或愛影響他人，這樣的教義不是欺騙，又是什麼呢？

女傭

在秋原的關照下，我到了淺草聖天町的仲木砂糖屋當女傭。

這個家的成員包括一對老夫婦、一對年輕夫婦，還有兩個小孩，以及年輕夫婦的兩個弟弟，以及店員、女傭各一人。

老老闆把店交給兒子，自己毫不管事，總不在家，五天才回來一次吧。而後才知道，老老闆霸占淺草公園附近的休憩處，終日與一群人通宵賭博或喝酒，而且還養了一個妾。

偶爾老老闆回來，夫妻兩人圍著火爐面對面坐著，老老闆娘就頻頻抱怨發牢騷關於小妾的事。

去。

「吵死了，給我識相點……！」老老闆一生氣，儘管才剛回到家旋即又衝了出

年輕老闆是個品行端正的平凡男人，他的妻子也頗有度量。不過，婆婆與媳婦之間相處不甚愉快。任誰都看得出來，年輕老闆盡力暗中支持庇護妻子。

年輕老闆的弟弟阿銀，年約二十四、五，算是家裡最不成器且吝嗇的男子，還是單身，整天無所事事，常常趁無人時強抱或強吻大嫂，讓膽小的年輕老闆娘非常困擾。最小的弟弟叫阿伸，就讀神田的私立中學，瘦且高，沉默寡言，總是苦著一張臉，是個陰沉鬱悶的男子。

見識到這個家的一切，加上中斷了原本來東京求學的目的，讓我分外感覺孤寂，經常莫名的憂鬱。寫信給河田訴說這份孤寂，沒想到翌日河田就來找我了。

我趁著短暫的空閒，和河田一起上街閒晃、聊天。

「我哥哥最近要到市內開設印刷店喔，如何呢？妳要不要去那裡工作看看，這麼一來，妳應該又可以去學校上課吧……」

我當然想試試。不過，如此一來，等於我就成了社會主義者的一員，對照顧我的伊藤似乎過意不去。

於是，我說起了這樣的心情。

河田想了想，開朗的說：「此時恐怕也顧不了愧疚了，那不如這樣吧，至少把他給予妳的物質上的恩惠，全部歸還吧……我隨時都可以協助妳……」

當時的我正想離開基督教，河田的建議簡直是千載難逢的機會。儘管有些厚顏，還是決定拜託河田了。

日後，河田寄來二十五日圓的匯款。於是，我去拜託老老闆娘讓我離開。不料，手臂長了腫瘤、剛動過手術的老老闆娘露出為難的神情，反倒哀求我說：「阿文啊，妳現在走了，這個家什麼事都做不了了啊。那個媳婦體弱又懷孕……」

她這麼一說，我實在不忍拒絕，不得不放棄決定好的一切。

伊藤幾乎每天來店裡，與教友的店員山本或其他家人談論宗教。考試近了，又被生計追得團團轉，他的模樣顯得憔悴。我想把河田給我的錢，還給伊藤，只是想讓他可以稍稍安心讀書。

我決定把錢寄去。

還附上一封信，寫著「理由，之後再詳談，先送上手裡一筆尚用不到的錢。應該足夠撐上一個月左右吧。這段時間，請停下工作，好好讀書準備考試吧」。最後寫上「金子生」的男子名字。

過了二、三日，伊藤來了。

兩人獨處時，伊藤說：「謝謝妳的錢，不過，那樣貿然寄信過來，還是讓我嚇了一跳。有事就等我來了再說，以後不要再這樣寄信給我了。若是讓人知道是女生寫來，我的信用可就蕩然無存了……」

「不好意思！」我落寞地回答。兩人就此道別。

我並不懷恨伊藤，內心反而更加依賴他了。每回送他回去，總忍不住邊說邊走，愈走愈遠。家裡的人信任伊藤也信任我，並不會懷疑我們。

暫且卸下學校課業，生活相對輕鬆許多，因此，較之以往，反而是我幫伊藤更多。

我把小費一日圓、一日圓的存下來，然後拿給伊藤，沒錢時，則想著能為伊藤做什麼，還利用時間為伊藤縫製了些物品。

某夜，照例又送伊藤去搭車。我拿出體積有些龐大的包巾……

「那是什麼？」

「這是為你做的坐墊，也可以當枕頭。」我答道。

「妳為我做了這個？」

「是啊，實在不知你的喜好，只得隨意揣測，如果不喜歡的話，請告訴我，我再修改。」

「謝謝！」伊藤不斷道謝，我也覺得欣喜。

十一月三十日，我難以忘懷的夜晚。

久未露面的伊藤突然來了。我趕緊做完家事，一如昔日，送伊藤出門。

突然，走到行人稀少的暗處，伊藤停下了腳步。

「金子，我必須懺悔。」他平靜的說著，「我其實錯看了妳，原本我以為妳是個不良少女。最近我才終於明白，妳是個擁有真正愛的人。我長久以來跟在小隊長身邊，從沒遇見像妳這般，可以帶給人溫暖的溫柔女子。我必須對自己的無知道歉。」

不良少女！我感覺猶如被扎了銳利的針似的，然而「溫柔女子」卻又讓我害羞起來。既開心又悲傷，錯綜複雜的心情。

接著，我們默默的走著，雖然各自想著心事，腳步卻不見停歇。來到上野的不忍池畔，兩人終於駐足了。

靜謐的夜晚，周遭不見人影。伊藤蹲在池邊的柳樹下，一邊拿著掉落的枝葉在地上寫字，一邊說道，「我現在想說的是，其實打從妳在湯島，我就壓抑著自己……最近簡直無法再克制了。僅僅把妳當朋友，我實在做不到……妳懂我的意思嗎？……我不知不覺想的都是妳，一天見不到妳，就落寞得不知如何是好。怠慢了讀書，就連信仰也開始動搖，這一個月來，我痛苦得生不如死……」

這一切與我默默期待的相去不遠，但我只能壓抑著心中的狂喜，靜默地聽著。

伊藤又繼續說：「因此，我左思右想，決定忘記妳，重新振作，恢復到以前的自己……我想，那對我們彼此都好。尚且找不到生活在一起的目標，輕率做出決定既是莫大罪惡，也有害彼此命運。不是嗎？」

結論竟然是這樣？我感到有些失望。

「我決定今晚就與妳徹底訣別。是的，我甚至考慮，從此以後都不要見到妳。今天是十一月的最後一天。為了將這一天當作紀念日，我特定來見妳，與妳道別。從今以後，我不會再到妳家了。我一定要戰勝自己……那麼，我們就到此為止吧，祝妳幸福……！」

語畢，伊藤起身。

我內心淨是不滿。到底什麼愛的使徒啊，如此膽小！無可奈何，我只得回答：

「這樣啊，那麼再見了……！」

彷彿要擺脫誰的死纏爛打，伊藤逕自頭也不回地往前走。落寞、悲傷，還有荒唐可笑，我在五味雜陳的心情下，看著他遠去的身影，直到消失不見……

仲木砂糖店的生活作息，說起來荒誕。要上學的阿伸，每天早晨七點出門，所以我們必須五點就起床準備，之後不到一小時，年輕老闆夫婦起床了，十一點左右，老老闆娘起床洗臉，占用狹小的廚房近半個小時。由於早餐的味噌湯會變涼，因此總要來回溫熱個三、四回。老老闆娘用完早餐，餐桌都還來不及收拾，接著又要準備年輕老闆夫婦的午餐。我們經常光是廚房工作，就耗去一天時間，入夜後，有時還得忙著訂購洋食、丼飯、壽司、鍋物等。早上起得晚，晚餐從九點、十點，甚至拖到十一點、十二點……甚至邊吃飯邊聊天又熬夜到了凌晨一點、兩點，導致我們的睡眠時間至多僅僅四、五個小時。

過度的勞動與睡眠不足，不輸給過去以來的任何工作，讓我承受著許多壓力。

儘管如此，我力求對主人忠心。不過，我必須懺悔，其實我並未真心，充其量只為了博取主人的喜愛罷了。背著同事阿貴，我偷偷早起，在阿貴之前準備好餐食；阿伸的同學來家裡玩，為了顯示我不是一般女傭，我會故意說起學校的事，故意看他們的數學筆記指出錯誤，彰顯自己的虛榮……我排擠同事，讓自己顯得又乖順又聽話；傷害阿伸的自尊心以顯示自己的優越。

回顧過往，最常自責的就是這些事了。我到底何等卑劣、可悲啊，每每憶及總不禁顫抖。

好不容易等到除夕。深夜十二點過後，我做完最後的工作，收拾行囊、梳理頭髮，然後到大家面前致意、告辭。

老老闆娘說：「多虧妳，幫了這個家大忙啊！」她向我道謝，又說：「這是我先生給妳的謝禮。原本應該給更多的，但畢竟比妳年長的阿貴打從以前就在這裡了，總不能不顧慮到她，所以只能這樣了。」她拿出淺盆，裡面裝著一只和紙封袋，上面繫著慶賀的繩結。

我懷著輕鬆的心情，搭上電車，往小石川的河田家出發。

電車裡僅有十三、四人，我偷偷打開仲木家給的紙包。三張五日圓紙鈔。三個月又一週不眠不休的勞動，換來這些。由於太出乎意料了，我真想大聲咒罵自己。

沒有講好酬勞，是我的不對，但一切都是遵從秋原的教誨。秋原說：「沒有必要談錢的事。談錢，太粗俗了。仲木家是了不起的商家，絕不會不合常理的。放心交給他們吧。」仲木家不會做出任何不合常理的事嗎？我非常想再去學校，河田也給了我機會，然而只為了照顧到仲木家的情況，我捨棄了自己的想望。到頭來，仲木家竟是給我一個月不到五日圓的酬勞。給我這丁點酬勞的人，是那個豢養小妾，沉溺賭博的老人、那個耗費兩個小時吃飯的老婦人、那些賴床又熬夜，只在乎吃什麼奢侈美食，不顧女傭僅睡四、五個小時的人。多麼不合乎常理啊，又是多麼傲慢與自私啊。

但比起生氣誰，我更想嘲笑自己。

我將紙鈔與封袋用力捏成團，塞入衣袖裡。

街頭的流浪者

離開砂糖店，我前後向一、二處所謂「主義者」借住，最後又回到三之輪的叔公家。

「我不是告訴妳了，妳可是個女生啊。總之，妳還是斷了讀書的念頭吧！」叔公責備我。不過，對我的固執似乎也無可奈何。因此，我一邊幫忙家事，一邊還是去學校上學。

每天早晨五點起床，拉低電燈讀書，然後一邊準備米飯、味噌湯。備齊大家的早餐後，即出門上學。中午過後回到家，立刻著手洗衣、準備餐食或清掃。

忙碌的程度，與在砂糖店時不相上下，不過終究是親人的家，時間上多少有所通融。再加上一個月五日圓的零用錢，扣去二日圓的學費、二日圓三十錢的車資，剩下七十錢，至少還有買筆或墨水等的餘裕。唯獨尚不足以買書，真是萬分痛苦。

在學校，我認識了兩位社會主義者。一位是姓徐的朝鮮人，很少發言，性格溫和，常常臉色凝重的男子，就坐在我左邊，下課時總默默讀著《改造》。徐並非來自富裕家庭，與我一樣，受盡生活磨難仍努力來上學，但到校的次數愈來愈少，甚至後來幾乎不再出現。不過，一年後，我與朴烈同居，徐也成為我們團隊的一員，一起發送《社會主義報》、一起參與運動。徐的身體孱弱，經常生病，之後回去家鄉，在我們入獄的第一個冬天，聽說因肋膜出了狀況，死於京城的醫院。

另一位，是名叫大野某的男子，似乎因東京市電員工罷工而遭到開除，曾坐在我前面，一邊看著社論一邊哭泣，當時是「信友會」或什麼組織的一員，不是穩重的人，勉強算是社會主義者吧。不過，由於他經常帶來組織的《社會主義報》、傳單或手冊，我才進而理解社會主義的思想與精神。

社會主義，並未帶給我任何全新的觀念，只是讓我對過去以來的境遇滋生了情感，得以藉由理論證明那些情感的合理性。我是貧困的，現在依然如此，因此我的自由遭受有錢人的驅使、虐待、苛責、壓抑、剝奪、榨取或支配，以至於心中始終潛藏著對權力者的反感，也由衷同情著相同境遇者。在朝鮮時，我同情祖母家的男僕高，對可憐的家犬也抱持著近似的情懷，除外，那些無法在這份手記一一詳列，在祖母生活周遭的被壓迫、被虐待、被榨取的可憐朝鮮人，我也寄予無限的憐憫。那些曾在我心中燃起反抗或同情的心境，最終燃燒成社會主義的思想火炬。

啊！我……多麼想做些什麼，為了可悲的階級，我願犧牲生命而戰鬥啊。

然而，那時的我尚且不知道這份情懷該如何適切運用。我軟弱且無力。縱使想做什麼，也不知如何做起，僅僅滿懷不平、不滿、反抗，充其量只是一個漠然的叛逆分子。

正當為那樣的心情焦慮難耐之際，某日，回家時經過叔公的店，聽到有人叫喚著我：「小文！小文！」

回頭一看。瀨川站在那裡，我非常驚訝，心中一陣悸動。

「啊！瀨川嗎？」

瀨川忍著笑意，沉穩的說：「我已經等妳很久了，在這附近。」

我們走到路口，藉著柵欄遮蔽，站在那裡說話。其實，他只是來見我，邀請我到他的宿舍去。如今的他，正在某個政府機關工作。

來到東京後，明明我從未記起瀨川，但如今見面，卻頗為他傾心。我答應他的邀請，兩人就此續緣。

時近暑假，濱松的父親寄來四日圓或七日圓，總之就是些許的錢給我，要我回濱松。其實我根本不想回父親的家，但實在身心疲累，為了休養，還是決定回去。

儘管如此，父親家的氛圍，無論睽違兩年、三年，都一樣。父親的自私自滿、虛榮、卑劣的裝模作樣、吝嗇的思量，甚至益發凸顯。終於，我再也待不住父親的家，決定轉往甲州。然而，那裡也是同樣。母親又離開田原家，一個人到製線工廠工作，外祖母與舅媽慶幸我正在邊工作邊讀書，要求我畢業後就去當小學老師，然後扶養母親。那個捨棄孩子、只為保全自己生活的母親，竟要我這個辛勞但看不見未來的人負起義務與責任。我也受不了這裡，不得不又回到東京。

回到東京是八月末。那天，突然下起雨，我便決定直接前往瀨川的宿舍。

一如往常，我一個人偷偷爬上階梯，打開瀨川房間的拉門。瀨川正坐在書桌前寫信，一回頭看見我，即露出笑容迎接：「哎呀，小文，妳別嚇我啊！」

我站在瀨川身後，一邊弄乾衣物，一邊問：「你在做什麼？我肚子餓了，可以幫我弄碗飯嗎！」

宿舍的晚餐已結束，瀨川幫我買了蕎麥麵。

路燈亮起，雨終於停了，但我不想回家。

兩名男子突然走了進來。

大約二十三、四歲，一人膚色白且高，另一人中等身材，臉長、髮長，戴著黑色賽璐珞框眼鏡。

瀨川向我介紹，髮長那位，朝鮮人的社會主義者，名玄，平時以日本名「松本」稱呼。身材較高的，是玄的朋友趙。

也許是因為我的緣故，他們說了些話即離開。

那夜，一如往常，我與瀨川同睡在唯一一套床被裡。

翌晨，宿舍的女傭送來早餐，僅有一人份。瀨川並未加點我的份，我有些不滿。

「喂，阿博，我萬一有了孩子，你打算怎麼辦？」

事實上，我是認真在思索這件事。雖然擔心那樣的結果，但萬一成真，身為母親，我還是願意擁抱那個尚未謀面的孩子。然而，瀨川卻一副漠不關心，看了我一眼，慵懶地回答：「這個我不知道啊……」

我感到恍如被推入十八層地獄般的孤獨。我等著他再說些什麼。但是，瀨川接著拿起小提琴，坐在矮窗旁，若無其事地彈奏起來。

我也知道我們之間並無真愛，我不能一味責備瀨川，但還是為此感到痛心。

我立刻起身走出瀨川的房間。走到樓下，遇到昨天見過面的玄。

我走到他的房間門口，「你的房間真好啊，可以看見庭院……」我從他的房間望向庭院的植栽。

「進來吧，我正好沒事……」

藉此，玄與我拉近了距離。我因為他是朝鮮人，有種親切感，就像久別重逢的好友。我說起自己曾在朝鮮待了七年之事，玄也說起他朝鮮的家。據他所言，他是京城裡有錢人家的獨生子，如今在東洋大學哲學系就讀，不過幾乎都缺課，總是到處閒晃玩樂。

「你應該是都在參與運動革命吧？」我問。

「不，像我這樣的資產階級或知識分子，根本打不進那些運動革命的團體裡。」玄笑著說。

當時我尚未屬於任何團體，也從未認真參與運動革命，根本聽不懂他話裡的輕貌。我只是視他為朋友，因而感到歡喜。

翌日，從學校回家，發現玄的來信。白色的西式信封上，以紅筆寫著「快遞」。打開一看，上等的信紙上漂亮的筆跡與禮貌的文句，寫著：今晚希望妳能來上野的觀月橋。

夏末依舊炎熱，橋上擠滿了乘涼的人們。

「啊，文子，妳終於來了。」玄突然握住我的手。

我們在公園裡散步。

「我啊，真的迷戀上妳了。」

玄對我說道。

「我也是喜歡你的。」

我如此回答玄。

我把我的期待以及目前的遭遇告訴玄。

「那麼，到某處找一個我們的家吧！」玄向我約定。

我不明所以地深受玄的吸引，未見到玄的日子，總是寂寞難耐，到處找尋。

叔公家的人也開始懷疑了，我變得不太能隨意外出。

「我們的家還沒找到嗎？」每回見面時我總問著玄。

「我每天都在找啊！」玄從口袋拿出租屋的報紙說。

某日，已是深夜九點過後。

我坐在客廳正在縫補冬衣，玄來了電話。

「文子嗎？啊，妳知道那個久能女士生病了嗎？妳說妳不知道？我本來也不知道啊，剛剛聽說了，聽說病危，所以，我現在要去看她，妳要一起去嗎？」

久能女士是年約三十五、六的女社會主義者，與某思想家有了兩個孩子，儘管如此，最後仍離開丈夫，投身於革命運動，與年輕的社會主義者一起過著清貧的生活，持續著血淋淋的鬥爭。

於是，我向叔公家的人報備，趕緊準備出門。

這時，花枝故意以我聽得到的聲量說：「她說謊，一定是去見那個叫什麼的男人。」

抵達玄朋友的宿舍，裡面已有三、四個男人或躺或坐地聊天說話。

玄絲毫不想起身，一逕笑著。反倒是一位朋友走了過來，說：「騙妳的，來，進來吧！」

「可惡！」我怒斥著，但不知為何又有些竊喜。

「那個，文子啊！」玄說話了，「剛剛啊，盲人來吹簫，我們安靜地聆聽，結果被惹得感傷不已，我都哭了。我們寂寞得不知如何是好……」

「真是拿你沒辦法，你這個少爺……！」

我邊說邊走進屋裡。大家都歡迎我的到來。

男人們喝著啤酒，吃水果，胡鬧地聊天、說笑、唱歌，甚至開始玩起撲克牌。

我最喜歡的娛樂，忍不住也玩得忘我。

我終究又在這兒過夜了，玄的朋友把另一間房間借給我與玄。

翌晨，我一睜開眼，想到的都是家裡的事。

就算沒有捏造什麼謊言，但終究還是沒有去拜訪久能女士啊，甚至沒有回家。叔公家裡的人想必對我既輕藐又氣憤吧。

我終於受不了了，對玄說：「松本，我想回家了，但有些話想跟你說。我這個樣子，經常外出、在外過夜，那個家其實已經難以容下我了……所以，到底如何，不能快點決定嗎？」

兩人一認識，玄就說要在靜謐的郊外租屋同居。可是，之後似乎又不見那樣積極。我不禁懷疑玄根本不是真心。

「那件事啊？」玄立刻回應，不過顯得有些困惑，「關於那件事，嗯，現在，我正在找房子，有是有，不過那個房子啊……是上野的朋友們的租屋，他們想回國，還猶豫不決……最近就會做出決定！」

同樣令人捉摸不定的話語，聽起來頭頭是道，其實不過是為了逃避責任的手段，我太了解那些話術了。

如今，說什麼也無濟於事了。現在我必須先做的是，在花枝面前證明自己。

「那就先這樣吧。昨晚，我跟家裡的人說要去見久能女士，如果就這樣回去，面子實在掛不住。今年春天，我把自己的衣物借久能女士去典當，如果能贖回帶回去，至少可以當作證明去過久能女士那裡……」

於是，我向玄要了錢。相愛的情侶之間，這舉動並非不合常理。但，如果玄只是把我當玩物，對於這個要求，他會感到慶幸，因為給了他完美的藉口，是我出賣肉體的代價。

「啊，這樣啊，我知道了，就這樣做吧！」玄欣喜、爽快地答應了，接著說：「等我一下！」隨即走了出去。

正好兩個拿著掃帚的女傭來到門前，她們看了我一眼，邊走邊竊竊私語，但全被我聽見了。

「那個女人是誰啊？」

「大概是專挑宿舍的賣淫女吧？」

玄回來了，把五日圓紙鈔塞入我手裡，我含淚收下。

離開宿舍時，已過了十點，更慘的是下起雨來了。

我知道久能女士常去的當鋪。

「嗯，的確寄放在這裡。」掌櫃說起我指定的商品，「不過，很抱歉啊，上個月期限一到，我們就處理掉了啊。因為之前交涉多次，也不曾來付過利息……」

最後的救命繩也斷了，感覺自己彷彿被丟入欲哭無淚的絕望深淵。

一直以為所謂「主義者」，是一種特別、偉大的人物，如今才明白不過是自己愚蠢的想像。宛如天邊的美夢，墜入髒汙的溝渠，一切幻滅。

寺院的小舅生病了，來到三之輪叔公家，樣貌變得衰老憔悴，我也不忍再埋怨他。我帶著小舅去醫院看病。但，任何醫院都無法保證他能治癒。

小舅只得回去，我送他到飯田町車站。

「再見，保重身體！」

「謝謝，要好好讀書啊！」

小舅不知道自己命在旦夕，但我預感「這是訣別了」，終究覺得落寞。

列車出發後，已是六點過後，街燈閃耀。

我茫然凝視著街燈，忍不住想去見某個男人。

「正好啊，我也有話想跟妳說呢！」

玄要我去找住在本鄉的趙。

到了那兒，玄也剛到。

「你要說什麼呢？」我問。

「我想說的事啊。」玄照例又說得迂迴，說他與趙兩人將去德國留學，所以必須與我分手了。

我早已死心。

「這樣啊？沒問題！」

「來，祝分手快樂吧！」趙說。他去訂了洋食與酒。

我不覺得難過或懊惱，只有絕望。

也難待在叔公家了，就這樣離開。

工作！我自己的工作！

離開叔公家的我，住進了位於日之谷的小料理店。

那是人稱「社會主義關東煮」的店家，老闆既是社會主義的支持者，自己也是一副社會主義者的模樣，儼然成為特色，店內總聚集了許多報社記者、社會主義者、上班族、文人等的菁英。

我白天工作，晚上上學。店家答應借我每月學費與電車車資……

一直以來，都是上日間部學校，如今轉到夜間部，也認識了一位女同學，新山初代。

初代恐怕是我這一生唯一讓我感覺受益良多的女性。透過初代，我得以知道許多事，不僅知識上，還有友情的溫暖與力量。我們遭到檢舉，警察詢問初代：「女性友人中，最喜歡的是誰？」初代毫不猶豫地指名我，而我也是，最喜歡的是初代。不過，初代已不在人世了。寫到這裡，我猶有伸手向初代的強烈衝動，然而，前方已無回握我的手了。

初代比我年長兩歲，相遇時才二十一歲吧。非常聰明，又深具陽剛氣質，意志堅定，不受周遭擺布，凡事自立自強貫徹到底，充滿毅力。

初代的家庭不算富裕，卻也不似我家那般破碎襤褸。話雖如此，初代並未從中得到豐衣足食。她的父親嗜酒又不負責任，在初代女學校二年級時死了，不久，初代也罹患肺病，回到新潟的故鄉靜養了半年多，苦惱於生死問題，開始研究佛學，病情轉好，又再度來到東京，以優異成績從府立的第二或第三學校畢業。

了解初代資質的人，總都會勸她繼續升學。但父親死後，羸弱的母親還得照顧幼小的妹妹，根本無心，只寄望自己養活自己。她成了打字員，在英國人的公司擔任事務員，晚上則到正則學習英語。

與初代如何變成朋友，細節已不記得了。夜校的女學生，僅有我們四、五人吧，起初大家相互也不說話，僅僅點頭示意，某一天，初代與男生討論到關於死亡，我在旁忍不住插話，從此開始了我們之間的交流。

初代的所言所行深具魅力，我早已滿心嚮往與她親近。

關於死亡，初代是這樣說起的。

「我有肺病，因此曾深思過死亡。人害怕死亡，但並不是指死亡本身，而是通往死亡的痛苦。為什麼呢？因為人並不害怕入睡，每個睡眠都是喪失意識，也等於一種短暫的死亡……」

聽到這裡，我才明白自己當時在朝鮮決心赴死的感受。我不禁說出與初代不同的意見。

「我不那麼認為。就我的經驗，人害怕死亡，是因為悲傷自己將永遠從這世上消失。人在平時也許未曾意識到世上的所有現象，事實上自己本身就在現象中，失去了會感到悲傷。睡眠，不會喪失那些現象，只是忘記而已。」

「妳有死亡的經驗嗎？」初代問我。

「嗯，有的。」我說。

放學路上，我們持續著這個話題，從此變成好朋友。

回想起來，我並非直接仿效學習初代的思想，但透過初代閱讀過的書，我獲得許多。長久以來我想閱讀，卻買不起書，變成朋友後，得以向她借了不少。

讓我得以滿懷感激地閱讀了《工人綏惠略夫》、《死亡之前夜》的是初代，柏格森也好，史賓賽也好，黑格爾也好，讓我一窺這些大家、這些思想概略的，也是初代。特別是初代兼具那些虛無主義家的思想，我也得以知道了施蒂納（Max Stirner, 1806-1856）、阿爾志跋綏夫（M. Artsybashev, 1878-1927）、尼采這些人。

某天，離開店裡，距離上課還有兩個小時，我去找了玄的朋友。

「歡迎啊！」鄭見到我，立刻從抽屜拿出一封信，「我正等著要把這東西給妳呢！」

是玄寄來的信，信中說收到他母親病危的電報，焦急返鄉，以至於無法與我道別。全是謊話，其實他早已決定返鄉了。

我隨即丟了那封信，也不特別生氣。

比起那封信，我更期待鄭接下來要給我看的印刷品。那是鄭即將推出的月刊雜誌。

我早已看過原稿了。

唯一令我好奇的是，頁末角落刊載的一首短詩。

那是一首充滿力量的詩，強烈打動了我的心。讀完後，我一時陷入恍惚，胸口熱血洶湧，生命彷彿因那份激昂昇華了。

作者是我不認識的人，名叫朴烈。應該是筆名吧。

「這是誰？這個叫朴烈的？」我問鄭。

「那個人啊，我的朋友，還不太有人知道，是個貧窮男人。」鄭似乎有些不以為然。

「是嗎？不過這個人有著難以言喻的強大力量啊，我從未讀過這麼震撼的詩。」

鄭似乎不太高興。

「這首詩，哪裡好啊？」

「我不是說好，而是強而有力。我彷彿感覺到，從中找到自己長久以來尋找的東西。」

「看來是感動莫名了，要見見作者嗎？」

「嗯，請安排我們見面吧，拜託！」

紛紛細雪不知何時從天落下，走廊的時鐘敲打著六點。

「喂，妳不去學校嗎？」鄭提醒著我。

「學校？學校已經無所謂了。也沒什麼特別理由，只不過，已失去想在這個社會出人頭地的心了。」

「什麼！那妳不讀書，打算做什麼呢？」

「是啊，我正在思量著這件事……不過目前自己也不明白。」

曾經，苦學後成為偉大人物是我唯一的目標。然而，現在的我已經明白，這個世上，即使苦學也不能成為偉大人物。不，不僅如此，就連所謂的偉大人物，都不值得一提。被人們視為偉大，又有何意義？我並非為他人而活，而是自我真正的滿足與自由，不是嗎？我必須是我自己。

長久以來，我是許多人的奴隸，被男人視為玩物，從未為自己而活。

我必須去做屬於自己的工作，是的，屬於自己的工作。但是，那又是什麼呢？我迫切想知道，並想即刻付諸實行。

「是啊，的確在我們眼前，有些我們必須去做的事。」鄭顯露前所未有的認真，表示贊同我的想法。

我突然想起，晚上在美土代町青年會館有一場「社會思想演講會」，便告別了鄭，準備邀初代一同去演講會。這時，街上已是白雪一片。

過去猶如裹著薄紗的社會現況，突然清楚可見，我也理解像我這般貧窮的人，何以不努力讀書就無法出人頭地。因此，社會主義的理論有其道理。

不過，我也並非全然接受社會主義。社會主義為了被剝削的民眾尋求社會改革，但所作所為真能為民眾帶來福祉嗎？我存疑。

既然「為了民眾」，社會主義才引發革命，那麼民眾不該為自己利益，而是與那些為自己起義的人生死與共嗎？這同時，民眾果真能享有它所帶來的利益？權力掌握在領導者手裡，縱使建立起新世界，民眾肯定又再度淪為權力下的奴隸。無論××，到頭來都只是以其他形式的權力取代現今的權力罷了。

初代藐視那些人的運動，至少是冷眼旁觀。

「我無法對人類社會抱持非如此不可的理想。對我個人來說，召集志趣相投的同伴，過著志趣相投的生活，才是最具可能性、也是最具意義的生存形態。」初代說。

我們的一位同伴，稱此為逃避，但是，我不那樣認為。我與初代抱持著同樣想法，企圖將現存的這個社會改革成人人皆幸福的社會，是不可能的。我也同樣不認為這是唯一可行的理想。不過，我與初代想法不同的是，縱使對這個社會不抱理想，但依然必須思考自己真正的工作。無關工作的成就與否，只要認為那是屬於自己真正的工作，全力以赴即可，這同時，我們也才真正的在生活。

這就是我想做的。透過實踐，我們的生活當下與我們同在，而不是將理想放在遙遠的彼方。

某個寒冷又寒冷的夜晚，我照例為了逃課去到鄭的宿舍。

一如往常，我逕自打開鄭房間的拉門，隨即看見鄭與一位陌生男子正坐在火爐前說話。

男子身高不高，十分纖瘦，黑黑蓬鬆的頭髮落在肩上，年約二十三、四，穿著青綠色的工人服，罩著褐色外套。那件外套的鈕扣搖搖欲墜，縫合的棉線隨時要斷裂，袖口、手肘處也有多處磨損、破洞。

「歡迎啊！」鄭對我說。

男子也看了我一眼，隨即將視線轉向火爐。

突然憶起這位衣著寒酸的客人，「中華青年會館舉辦的救濟俄國飢荒音樂會，您是不是就站在舞台上？」

「是嗎？」客人答道。

他僅回答了這句話，也不說是或不是，然後緩緩起身。

我慌張地想制止，「就說說話吧，沒別的意思……」

不過，客人還是沒回應，站在榻榻米上，濃眉下的一雙眼睛透過黑色賽璐珞框的眼鏡，冷冷俯視著我。

不知為何，我感覺到一股壓迫感。

不久他說了聲「打擾了」，隨即走了出去。

鄭急忙起身，追著客人喊：「喂，你今晚要去哪過夜啊？可以在我這裡喔！」

「謝了，今晚我去駒込的朋友家。」聲音聽來有種平靜的寂寞。

我莫名感覺抱歉，繃緊著神經。

「鄭，那個人是誰啊？」

「啊，那個人？就是那首妳大為感動的詩的作者，朴烈啊。」

「什麼！是朴烈！」我不禁脹紅了臉大叫。

然後，我問了鄭許多關於朴烈的事。

朴烈做過人力車車夫、推車人、郵差、工人等工作，現在無業中，只能一晚一晚到處去朋友家過夜。

「這麼說來，不就是沒有家的流浪犬嗎，還可以那樣泰然自若？簡直像個國王。」

鄭又繼續說：「不過，他可了不起啊。在我們之中，幾乎沒人像他那樣認真地思索，認真地行動。」

——一定是的，一定是的，我的內心吶喊著。

彷彿什麼在我心中掙扎著，彷彿什麼從我心中誕生了。

他的內在到底存在著什麼？讓他得以如此堅毅的又是什麼？我想找出那個東西，並且也成為我自己的。

在歸途，心中想著。

——是的，我尋找的，我想做的，一定就在他的內在。他就是我要尋找的，他就是我的工作。

莫名的喜悅滿溢我的胸口，亢奮得徹夜難眠。

翌日，我一早就去拜訪鄭，拜託他安排見面，我想與朴烈交往。

「那個男人居無定所，想要與他敲定一個日子，根本不可能。」鄭說。

「沒有關係，你叫他來我店裡吧，你只要這樣跟他說就好。」我答道。

鄭允諾。

不過，朴烈並沒有來。我又去找了鄭。

「你幫我說了嗎？」

「那個啊，朴烈只是說——這樣啊，說了也等於沒說，似乎沒有意願的樣子。」

我有些失望。難道是我這樣的人不配與他交往嗎？不過，我不死心。

十天過去了，朴烈沒有來。二十天過去了，朴烈還是沒有來。

我覺得落寞，彷彿被朴烈暗自認定是個毫無價值的人。

大約一個月後，三月的五日或六日吧。朴烈突然來到我工作的店。

看見朴烈，我的心撲通撲通地跳著。

「喂，你終於來了啊！」店內正好僅有兩桌喝酒的客人，我趁空檔帶著朴烈到角落的桌子，小聲地說道，「正好啊，你先休息一下，我待會就可以出去了。」

說完，我弄了些米飯、燉豆腐或蘿蔔給朴烈吃。

終於來到我上學的時間。一如往常我手挽著書包，走出店裡。朴烈正站在路口等我。我們一起走到電車站。

電車來了，朴烈說：「妳要去神田啊，我要去京橋辦事，就在這裡告辭了。」

接著，他就轉身邁出步伐……

「等等啊！」我在他身後說，「明天你還會來吧，我會幫你準備好吃的東西。」

「謝謝，我會來的！」

他頭也不回的說。只有我不知為何意猶未盡。

第二天，他在中午時分來到。

我小小聲對他說：「今晚可以到學校門口嗎？我有話想跟你說。」

「妳學校在哪裡？」

「神田的正則。」

「嗯，我會去。」他果斷地回答。

朴烈依約站在學校前的路樹下。

我們隨後走在行人較少的街上，不過兩人都未開口說話。我不想只聊些輕鬆單純的話題，我找尋著更安靜、更隱秘的地方。

我發現一家中華料理店。

「我們上去吧！」我爬上樓梯，朴烈也默默跟在我身後。

來到三樓的小房間，終於可以安心了。

男服務生送來了茶水，我交代他幫我們送來幾道適合的菜餚。

我們一邊亂聊一邊吃食。我不怎麼吃得下，倒是朴烈看來飢腸轆轆，吃了頗多。

最終，我還是決定打破尷尬。

「對了……我想與你交往的理由，你應該聽鄭說起了吧……」

「嗯，稍微知道了。」

朴烈的注意力這才從餐盤移到我身上，我們相互看著彼此。我心跳得好快。

我又繼續說：「那個，我就直接說了，你已經有配偶了嗎？或是若沒有……那個，是不是跟誰，也就是男女朋友關係的交往中？……如果有的話也無妨，我想與你當同志……不知你意下如何？」

多差勁的求婚啊？又是多麼可笑的情景？回想起來，還是忍不住想大笑，甚至羞得臉紅。不過，我當時確實是認真且真心地說著那些話。

「我，一個人喔。」

「這樣啊……那麼，我有些話想問你，請你把心中最真實的說出來吧！」

「當然！」

「那個……我是日本人，不過，我對朝鮮人並無偏見，你會對我反感嗎？」

朝鮮人對日本人懷抱的情緒，我大抵是知道的，不過還是有必要確認。我對那樣的朝鮮人，是心懷恐懼的，但是朴烈回答我：「不，我反感的是日本的權力階級，不是一般民眾。像妳這樣不帶偏見的人，反而有種親切感。」

我終於鬆了口氣，露出微笑。「還有一件事想請教你，你是民族運動者嗎？……我其實曾在朝鮮很長一段時間，所以勉強理解從事民族運動的心情，不過我畢竟不是朝鮮人，不像朝鮮人受日本壓迫，因此實在無心一起從事朝鮮的獨立運動。如果你是獨立運動者，很遺憾，我恐怕無法和你在一起了。」

「朝鮮的民族運動者的確有值得同情之處。我的確也曾加入，不過，現在不是了。」

「那麼，你是反對民族運動嗎？」

「絕不是那樣的，不過我有我的思想，也有我的工作，因此無法繼續站在民族運動的戰線上。」

所有障礙都屏除了，我放心了。我們又聊了許多事，我愈感受到他內在那股強大的力量。

我逐漸深陷其中。

「你的內在似乎有著我追尋的東西，所以我想與你一起工作。」

不料，他冷冷地回說：「我是個無趣的人，只不過死皮賴臉地活著罷了。」

近八點了，「我們再見面吧！」我們要服務生結帳，費用約三日圓左右。

「我付吧，今天我帶了錢。」朴烈從外套的口袋掏出皺巴巴的二、三張紙幣與七、八個銅幣、銀圓，還有三、四根釘子，全放在桌上。

「不用，我來付。」我擋了下來，「我比較有錢。」

自此我們經常見面，已經不會再尷尬的交談，彼此有著心連心般的安全感，甚至達成最終的相互同理。

我們是在三崎町小洋食屋二樓決定在一起。那時是夜裡的七點左右。我已來不及去學校，返家又太早。於是兩人毫無目的地沿著日比谷方向的陰暗城牆走去。

夜裡很冷，兩人緊握的手放進了朴烈的外套口袋裡。公園裡毫無人影，僅有嘶啞的電車聲劃破了寂靜。天空有著星星，地上有著街燈，各自寧靜地閃耀著。

朴烈意外地說了許多話。

他出生在慶尚北道的鄉下，家裡世世代代以務農維生。不過，祖先曾是博學之士，擁有相當的社會地位。朴烈四歲時父親就去世了，母親非常慈愛，小時候的他甚至把自己的腳與母親的腳綁在一起，否則無法安睡，可說是非常依戀母親的孩子。七歲去到村裡的私塾讀書，九歲，村裡建了普通學校，他轉往那裡讀書，成績優異，原本想繼續讀書，無奈當時家道中落，哥哥要他務農養家。所以，朴烈也當過農民，只是耐不住想上學的心，十五歲偷偷逃到大邱，參加高等普通學校考試，果然考上了，哥哥於心不忍，只好為他送來學費。從此，朴烈研讀大學講義，讀遍日本文學家書籍，思想也漸漸左傾。

一開始他滿心想要參加獨立運動，但不久就看透那些運動的虛無，認為僅僅是權力者的換位，對民眾根本起不了任何影響。十七歲的春天，他來到東京。

來到東京的生活簡直就是苦鬥史，他益發沉潛，對藉由議論或評論帶起的運動失去了興趣。他決定走自己的道路。

這些並不全然是他告訴我的。他是個不太談自己的男人。他說得片斷，而我則從他人口中，逐漸把那些片斷連結起來。

比起訴說過去，我們更常談及未來，帶著淡然的期望。

「文子，為了認真從事改革運動，我想住進簡陋的大通鋪旅社，妳可以嗎？」

朴烈突然問我。

「大通鋪旅社嗎，沒問題啊。」我答道。

「不過，那裡很髒亂，還有床蝨，妳真的可以忍受嗎？」

「可以的，若連那等事都無法忍受，還不如什麼都不做，不是嗎？」

「是啊，的確是這樣啊……」

說完話，朴烈又陷入沉默，但，不久他又說：「喂，文子，聽說資產階級結婚可是會去蜜月旅行。那麼，我們也來做個同居紀念的秘密出版吧！」

「太有趣了！」我興奮地表示贊成，「那要做些什麼呢？我有克魯的麵包（克魯泡特金《麵包與自由》），我們可以一起翻譯那本書？」

不過，朴烈反對。

「那已經有翻譯本了，而且，也不想只做別人的書。即使內容貧乏，我們還是應該自己寫。」

我們完全沉浸在這個計劃，待回神，才發現不知何時已離開公園，來到街上。看來，時間已經很晚了。

「幾點了？我九點必須回去啊……」

我惋惜地說道。

「那，妳在這裡等一下，我去看看就來！」

朴烈說完，隨即跑去派出所偷看時鐘。因為，我們兩人都沒有手錶……

朴烈終於回來了。

「再過十七分就是九點了。」

「是喔？那我得回去了。」我說。

「還有三十分鐘不是嗎，因為妳若九點從學校下課，搭上電車也要花個十分鐘，不就是九點十分，所以，我們還有二十五分鐘或三十分鐘呢。」

我們再次手牽手，走去公園，坐在樹下的座椅，彼此緊貼著凍僵的臉頰，靜默著。

最後時間到了，我們不捨地起身。

我問：「你今天要回去哪裡？」

朴烈略想了想，說，「去麴町的朋友住處看看。」

「沒有家，你不寂寞嗎？」

「寂寞啊！」朴烈盯著腳下，低聲回答，「平時健康順遂，大家就相安無事，萬一生病了可就不安，再親切友善的人，也變得討人厭了。」

「是啊，人其實很冷漠的，何況你的確有些太瘦了。你來東京之後，有生過重病嗎？」

「有啊，去年春天，我染上嚴重的流感，沒有人願意照顧我，三天沒吃沒喝地在本所的大通鋪旅社痛苦呻吟。當時，以為自己就要死了，非常害怕。」

某種情緒湧上我的心頭，強忍著眼眶的淚水，緊握朴烈的手。

「如果那時我認識你了，就好……」

一會兒，朴烈若無其事說了聲：「再見了，下回再見了！」然後放開我的手，跳上往神田方向的電車。

望著他的遠去，我暗自猶如祈禱地說著，「請等我啊，一下就好，等我從學校畢業，我們就在一起吧。我將永遠跟著你，絕不讓你在生病時憂傷痛苦。要死，也一起死吧，讓我們生死與共吧！」

寫在手記之後

我的手記，在這裡結束。之後，關於我與朴烈同居的生活紀錄，我並沒有書寫的自由。不過，能寫到這裡，我的目的也達成了。

是什麼促使我這樣做？我覺得自己沒有可申辯的，只能在此攤開自己的半生，這樣就夠了。有心的讀者，透過這份紀錄，自然理解一切吧，我相信著。

不久，我的存在也將從這世上抹去。不過，我認為，一切現象之所以為現象，縱使消滅了，也永遠存續在現實中。

此刻，我以平靜、冷冽的心，擱下書寫這本粗雜紀錄的筆。祝福我所愛的一切！

國家圖書館出版品預行編目資料

逆權女子：獄中手記 / 金子文子著；陳柏瑤譯. --
初版. -- 臺北市：大塊文化, 2020.08
面； 公分. --（mark；160）
譯自：何が私をこうさせたか

ISBN 978-986-5406-94-3（平裝）

1. 金子文子 2. 自傳 3. 日本

783.18 109009151

LOCUS

LOCUS